세상에서 가장 재미있는
세계사
1

THE CARTOON HISTORY OF THE UNIVERSE 1

Copyright © 1990 by Larry Gonick
Published by arrangement with the Crown Publishing Group.
All rights reserved.

Korean translation copyright © 2002 by Kumgree Press
Korean translation rights arranged with the Crown Publishing Group
through EYA(Eric Yang Agency).
All rights reserved.

이 책의 한국어판 저작권은 EYA를 통하여
the Crown Publishing Group과 독점 계약한 '궁리출판'이 소유합니다.
저작권법에 의해 한국 내에서 보호를 받는 저작물이므로 무단전재와 복제를 금합니다.

세상에서 가장 재미있는 세계사

래리 고닉 글·그림 | 이희재 옮김

①

빅뱅에서 알렉산드로스 대왕까지
THE CARTOON HISTORY OF THE UNIVERSE I

CONTENTS

1. 우주 삼라만상이 열리던 날 8

빅뱅 10 | 수프냐, 샌드위치냐? 16 | 진화를 가르쳐주마 21
성의 기원 22 | 화석 이야기 26 | 캄브리아기 27
오르도비스기·실루리아기 28 | 데본기 29 | 석탄기 32 | 페름기 34
트라이아스기 36 | 쥐라기 38 | 백악기 42 | 포유류의 시대 46

2. 인간, 막대기와 짱돌을 사용하다 58

빙하 시대의 시작 68 | 테라 아마타 유적 74 | 진보에 관해 한 마디 76
크로마뇽의 세계 정복 82 | 돌니 베스토니체 유적 84 | 빙하 시대의 끝 88
서아시아 고원의 정착 생활 92 | 신석기 시대의 남과 여 100

3. 깊은 강, 문명을 낳다 108

수메르의 도시들 114 | 사르곤의 검 122 | 이집트 문명 129
피라미드 변천사 132 | 힉소스 기마대 138 | 파라오의 제국 141
기원전 1500년경 종횡무진 이집트 144 | 투탄? 석탄? 146
히타이트와 람세스 149 | 기원전 1200년경 지리멸렬 지중해 154

4. 구약 시대, 서양 정신의 뿌리 158

모세의 이집트 탈출기 163 | 성서의 재구성 171 | 심판의 날들 172
블레셋과 이스라엘의 결투 174 | 슈퍼스타 다윗 185 | 왕국의 분열 192
정복자 아시리아 194 | 바알 숭배의 최후 197 | 황금시대의 종말 202

5. 그리스, 신화와 전설이 들려주는 역사 208

변명 아닌 변명 216 | 저주 받은 운명 217 | 아르고의 영웅들 221
트로이 전쟁 224 | 도리스인이 가져온 암흑시대 232 | 철의 조직 스파르타 235
바다를 삼킨 그리스 244 | 철학이 꽃피는 도시 252

6. 지중해와 오리엔트의 한판 승부 258

크로이소스와 키루스 260 | 다니엘의 예언 266 | 대제국 페르시아 268
이오니아의 반란 274 | 아테네 성장사 277 | 페이디피데스의 마라톤 286
그리스 막강 해군의 비밀 290 | 살라미스 해전 승전보 292

7. 아테네 민주주의의 모든 것 308

아테네를 재건하라! 310 | 델로스 동맹 314 | 페리클레스의 황금시대 324
펠로폰네소스 전쟁 335 | 30인 참주와 공포정치 346
소크라테스의 죽음 348 | 철학 아카데미 350 | 알렉산드로스 대왕 354

참고문헌 **358**
옮긴이의 말 **366**

2권 | 중국의 여명에서 로마의 황혼까지

1. 인도, 모두 모두 신성하다 | 2. 수신제가치국평천하의 나라
3. 동아시아 대륙 막강패자의 탄생 | 4. 영원한 제국 로마 이야기
5. 기원전, 그리스도, 기원후 | 6. 동서 대제국들의 균열

3권 | 이슬람에서 르네상스까지

1. 아랍에 내린 신의 계시, 이슬람 | 2. 아프리카, 다양성의 보고
3. 대륙을 누비는 사람들 | 4. 천년 왕국 비잔틴
5. 십자군의 이름으로! | 6. 암흑 속에 핀 꽃의 도시

4권 | 콜럼버스에서 미국혁명까지

1. 세계 전쟁, 문명을 파괴하다 | 2. 돌고 도는 세상 | 3. 선행?
4. 헤쳐모여! | 5. "이치가 그렇잖아!"

5권 | 바스티유에서 바그다드까지

1. 총, 황금, 선의 | 2. 자유무역 | 3. 근대란 무엇인고
4. 밝은 빛 | 5. 계몽의 끝?

INTRODUCTION

1
우주 삼라만상이 열리던 날

시간이 시작되기 전, 온누리는 뜨거운 덩어리로 똘똘 뭉쳐 있었다.
그러던 어느 날…

빅뱅!!
최초의 30분 동안,
오리지널 수소
그리고 헬륨이
몽땅 만들어졌다.

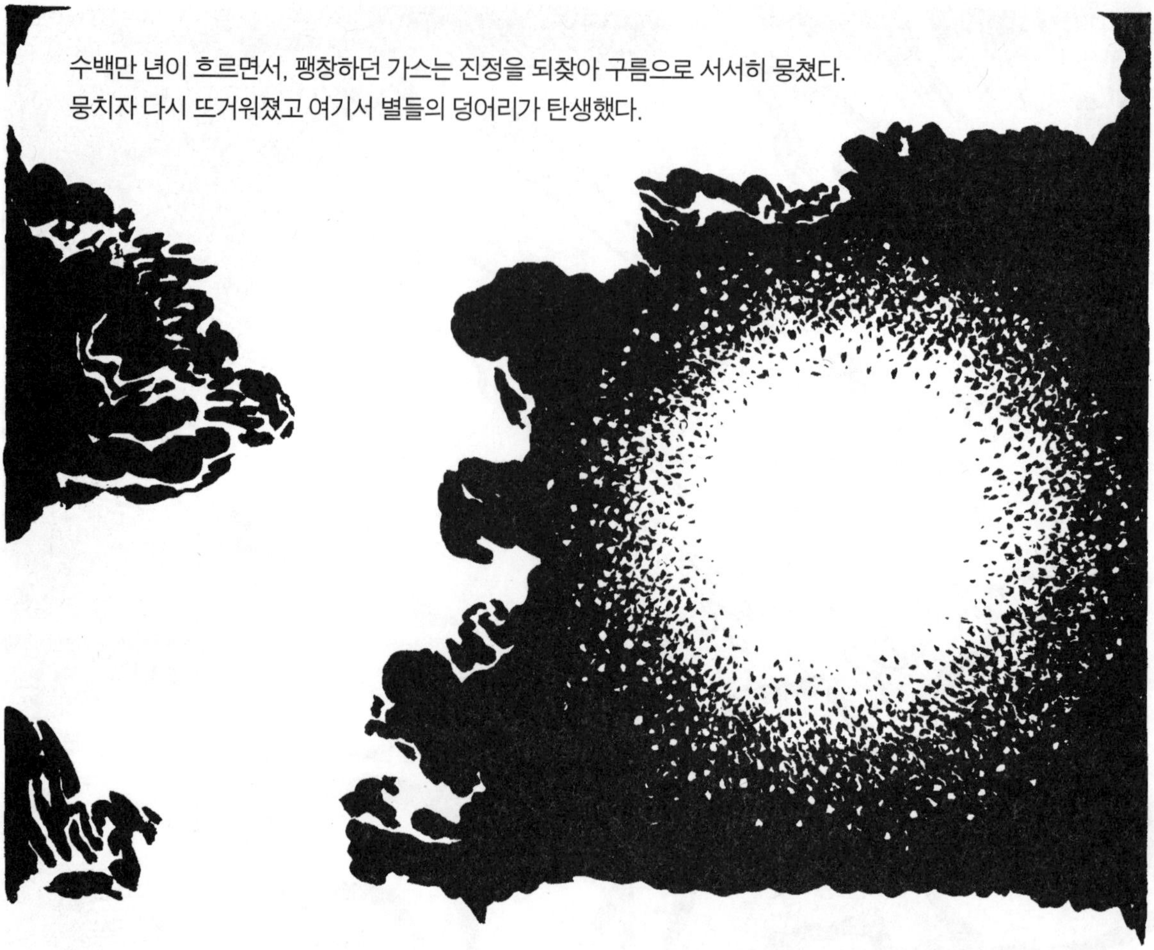

수백만 년이 흐르면서, 팽창하던 가스는 진정을 되찾아 구름으로 서서히 뭉쳤다. 뭉치자 다시 뜨거워졌고 여기서 별들의 덩어리가 탄생했다.

별들의 용광로는 수소와 헬륨을 녹여 탄소, 산소, 철 같은 묵직한 원소를 만들어냈다.

이 제1세대 별들은 수명이 다하면 초신성으로 폭발했다. 금, 우라늄 같은 헤비급 원소는 이때 만들어져 우주로 퍼졌다.

빅뱅으로부터 어언 80억 년이 흘러서야 겨우 오늘날과 같이 별들과 가스로 된 거대한 은하들과 그 사이의 허공을 떠도는 먼지가 있는 우주가 되었다. 우리의 태양은 바로 이 무렵에 등장한다!!

우주 기원을 설명하는 무수한 이론 가운데엔, 최근의 빅뱅 이론이 가장 설득력이 높다. 천체를 정확히 관측하기 전엔 잡설이 난무했으니,

뱀이 오리하고 눈이 맞아 우주에다 왼통 알을 깠다는 거 아냐!!

오리가 아니라 닭이네 이 사람아!!

현대 이론은 은하가 멀어지는 이유를 설명해야 한다. (아주 최신 이론이라서) 별로 알려지지 않았지만 가령 음모 이론이란 것도 있는데,

은하가 멀어지는 건 우리를 싫어하기 때문인 듯. 좋아했다간 묵사발 돼!

우주는 빅뱅과 함께 탄생했다는 게 이제 거의 정설이 되었지만 우주의 종말은 아무도 모른다!

컴퓨터가 뭐래?

기다려 보래.

은하수라고 불리는 소용돌이 은하의 가장자리에서 가스 구름이 허물어지기 시작했다.
스스로의 중력에 이끌려 뭉치면서 뜨겁게 달궈진 덩어리가 빠르게 회전하였고…

무서운 고온을 견디다 못해 수소 융합이 시작되었다. 구름은 거대한 수소 폭탄이 되었다. 이것이 바로 별이다.

불덩어리는 빙빙 돌면서 납작해지고…

우주로 테두리를 떨쳐냈다.

떨어져나온 물질은 우주 공간으로 영원히 사라졌지만 일부는 별 주위의 궤도를 돌았다.

다시 수백만 년 동안 이 '우주 쓰레기' 조각이 뭉쳐서 아홉 개의 행성과 각종 위성, 소혹성, 혜성을 만들었다.

이렇게 탄생한 새로운 별이 태양이고, 지구는 이 아홉 개의 행성 가운데 하나를 말한다.

행성을 거느린 별은 태양 말고도 얼마든지 있다. 생명이 살 수 있는 행성을 가진 별이 은하수에만 적어도 10억 개는 될 것으로 과학자들은 추산한다.

외계 생명체도 우리와 닮았을 거라고 주장하는 과학자도 있다!! (알파 켄타우루스 별에서는 가령 이렇게 말하겠지.)

개들도 우리처럼 생겼다니까 그러네.

설마…

얼마 전부터 지구인은 머나먼 우주를 향해 열심히 신호를 보내고 있지만 아직까지는 응답이 없다.

거 봐, 우리랑 진짜 비슷하지?

그러게. 받아먹기만 하고 고맙다는 말 한마디 없네.

수프냐, 샌드위치냐?

지구는 식었고, 표면의 부스러기는 땅덩어리로 굳었다. 수증기가 식으면서 하늘에서 비가 퍼부어 바다를 이루었다. 대부분 생물학 교과서에서는 영양분이 풍부한 이 유기 수프에서 생명이 출현했다고 설명한다.

유기 수프 가설에는 한 가지 문제가 있다. 너무나 말이 안 된다는 거다. 과학자들도 말이 안 되는 줄은 알지만 뾰족한 대안이 없으니 이거라도 붙잡고 늘어지는 거다.

방사능을 가진 원소는 안정된 원소로 붕괴하려는 경향이 있으므로 지금부터 40억 년 전 지구는 지금보다 방사능이 훨씬 많았을 거다.

지질학자는 (가령) 바위에 남아 있는 우라늄과 납의 양을 비교하여 그 바위가 얼마나 오래되었는지 알 수 있다.

내가 바위처럼 너무 무뚝뚝해서 섭섭했지, 자기야?

방사능 연대 측정 결과 가장 오래된 생명체(35억 년)와 가장 오래된 바위(37억 년)는 연대가 엇비슷하다는 놀라운 사실이 드러났다. 원시 생명체는 방사능 앞에서도 전혀 주눅이 안 들었던 모양!!

왜냐? 무식하면 무서울 게 없거든!!

처음에 출현한 것은 자기증식하는 화학 물질이었다. 일단 이런 물질이 만들어지니까 기댈 언덕이 생겨 다른 물질도 속속 출현했다. 이런 '자기 촉매 반응 순환'에서 초기 유전 기제가 만들어졌다.

한편 기름기 많은 부산물은 막을 형성했고, 이 안에서 단백질은 흩어지지 않고 무럭무럭 자랄 수 있었다.

기름 껍질의 보호를 받는 이 조그만 화학 공장들은 마침내 표면에서 떨어져나와 망망대해를 개척하기 시작했다.

지금으로부터 30억 년 전 어느 날, 억세게 운 좋은 세포가 엽록소를 발견했다. 이 녹색 물질은 햇볕만 쬐면 이산화탄소와 물만으로도 세포가 에너지를 얻게 해주었다. 세포는 파죽지세로 퍼졌다.

최초의 식물이라고 할 수 있는 이 청록색의 조류는 앉은 자리에서 순식간에 세상을 쓸어버렸다.(박테리아만 빼고!)

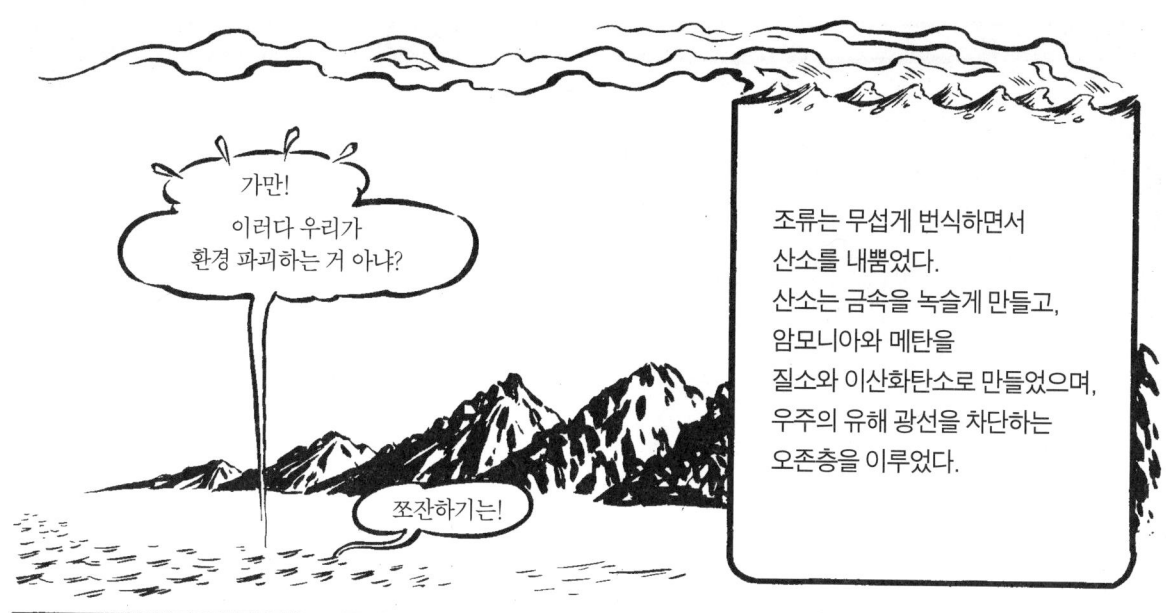

진화를 가르쳐주마

조류가 등장한 이후로 생명체는 한정된 자원을 놓고 치열한 경쟁을 벌인 건 사실이지만, 그렇다고 진화가 죽기 살기로 피 터지게 치고 박는 싸움터냐, 약자는 죽고 강자만 살아남는 살벌한 동네냐 하면, 그건 아니거든!!

생명이 처음 탄생했을 때부터 가장 강력한 생존 전략은 바로 협동이었단 말씀!!

우선, 서로 다른 핵산 가닥들이 모여서, 살아 있는 세포를 관리하는 데 필요한 정보를 몽땅 수록한 염색체를 만들었다.

숨막혀!

오늘날의 복잡한 세포는 아주 먼 옛날 단순한 세포들의 공조를 통해 진화한 것으로 추정된다.

그쪽 동네는 지내기 괜찮아?

혼자서 생각할 공간이 좀.

꿈 깨요.

속았다. 나두.

우리 세포 안에는 미토콘드리아라는 조그맣고 신기한 덩어리가 있다. 미토콘드리아는 자기만의 유전 물질을 갖고 있다.

내가 미토콘드리아 주인인지 미토콘드리아가 내 주인인지 헷갈리네 이거…

단세포들은 힘을 합쳐서 고등 생물을 만들어냈어요. 고등 생물이 뭐냐, 뭐긴 뭐야, 벌이나 꽃 같은 거지!

이야기 계속!

성의 기원

수십억 년 동안 모든 생명체는 무성 생식을 해왔다.
그냥 절반으로 쪼개졌다는 말씀.

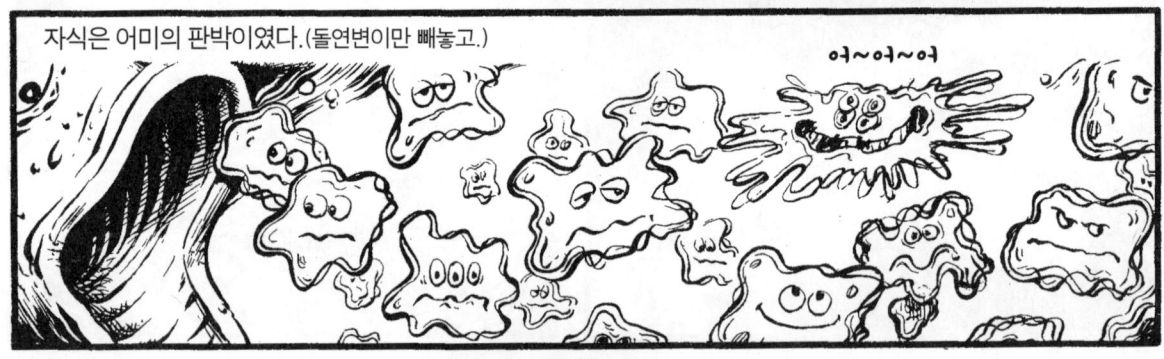

자식은 어미의 판박이였다.(돌연변이만 빼놓고.)

여기서 환경 변화로 새로운 포식자가 나타났다고 가정하자. 무성 생식을 하는 개체들은 모두 똑같으니까 잡아먹힐 확률이 똑같이 높다. 악착같고 빠른 녀석이 단 몇이라도 있었다면 도주에 성공하여 자기 씨앗을 퍼뜨릴 수 있었을 것이다.

개체의 차이는 분명히 유리하다, 여기서 바로 성이 등장하는데…

성은 집단 내부에서 개체 차이를 만들어내고 퍼뜨리는 유전적 수단이다.

성의 역사는 사실 유성 생식보다 훨씬 오래되었다. 핵산의 두 가닥이 처음으로 만나 바짝 접근하여 염색체를 이루면서 무언가 차이를 만들어냈을 때부터 성은 있었다고 보아야 한다.

"나 사귀니까 좋죠?"

"댁을 사귀면서 일이 자꾸 꼬이네요ㅠㅠ"

"만화책을 팔아먹는 수단도 되지롱!"

사실 성은 자기 번식의 정반대라고 할 수 있다. 자기 번식은 하나의 세포가 둘로 쪼개지는 것이지만 성은 두 세포가 잠시 결합하여 상대 유전자와 희롱하는 것이다. 성은 지연된 자기 번식이라고 할 수 있다!!

"내가 이 고생을 하는 건, 당신보다 업그레이드된 자식을 프레젠트하고 싶어서 이러는거야!"

"뭔 소리래!?"

박테리아는 가장 작은 세포보다 더 작다. 생명에 붙은 혹이라고나 할까. 그런데 최근 과학자들은 박테리아도 짝짓기를 한다는 사실을 발견했다.

"오늘 밤은 안 돼. 바이러스 옮았어."

실험: 임질을 일으키는 임균 두 종류 —페니실린에 대한 면역력이 있는 놈과 없는 놈—을 섞었다.

"돌진!"

얼마 뒤 모든 임균에 페니실린에 대한 면역력이 생겼다. 짝짓기 과정에서 면역력 있는 박테리아가 없는 녀석의 유전자를 변형시킨 것이다. 오묘한 짝짓기의 조화라고나 할까!!

"가리질 않는군!"

유성 생식,
즉 번식 과정에서 반드시
성이 개입하는 생식은
정상 번식으로부터의
일탈로 시작되었다.
이유는 잘 모르겠지만.

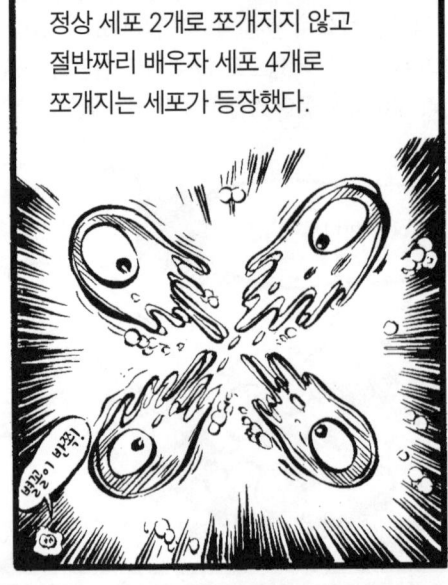

정상 세포 2개로 쪼개지지 않고
절반짜리 배우자 세포 4개로
쪼개지는 세포가 등장했다.

이 배우자 세포는 유전자가
절반밖에 없었으므로…

제가 스트레스가 좀 심했걸랑요, 해서…

합치고 싶어서 안달이 났다!!

철 퍼 덕

묘수는 뭔 묘수?

묘수가 아닐 수 없었다.
배우자로 갈라졌다가
재결합하니까
한 번에 자손도 낳고
유전자도 섞고
일거양득이었던 것이다.

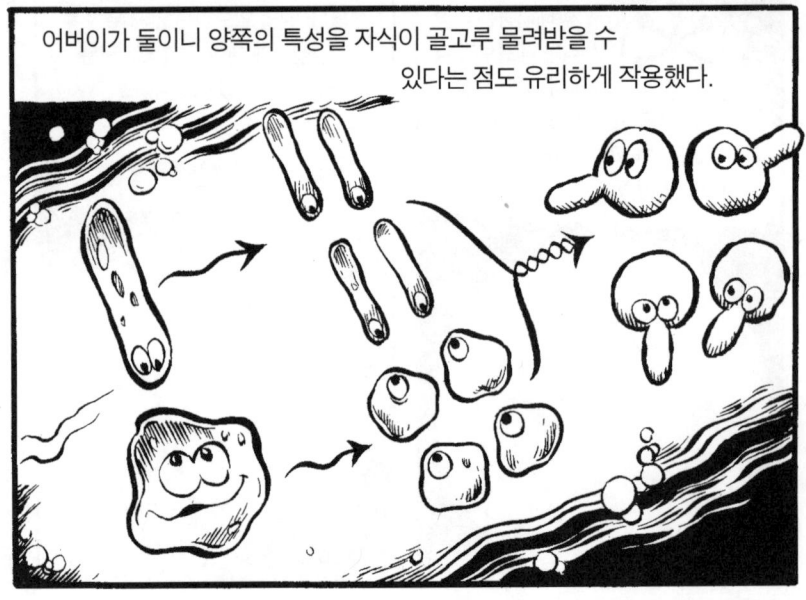

어버이가 둘이니 양쪽의 특성을 자식이 골고루 물려받을 수
있다는 점도 유리하게 작용했다.

이처럼 짝짓기는 개체 차이를 만들어내는 데 유리했고, 개체 차이는 생존에 유리했다. 따라서 짝짓기하는 녀석은 살아남았고, 그중에서도 짝짓기를 가장 밝히는 녀석이 가장 많이 살아남았다. 짝짓기가 옛날에도 좋았고 지금도 좋고, 앞으로도 좋을 수밖에 없는 이유다!!!

그러니까, 난자하고 정자는— 아이 몰라 몰라— 그저 배우자일 뿐, 내가 살짝 보여준다고 누가 뭐라 할까!

관절이 없다고 남녀유별도 몰라?

짝짓기가 진화에 어떤 영향을 미쳤대?

하나: 개체 차이를 만들기 위해 고안된 것이 짝짓기다. 짝짓기를 하는 종은 적응을 잘 한다.

둘: 짝짓기 덕에 고등 생물이 등장했다. 유성 생식을 하는 종은 무성 생식을 하는 종보다 느긋하게 진화할 수 있다.

한 판 어때?

오늘은 좀 쉬자. 헬스나 좀 다녀 올게.

셋: 짝짓기는 유익한 변이를 삽시간에 집단 전체로 퍼뜨린다. 짝짓기 덕에 진화에 가속도가 붙었다.

저 모가지 패밀리가 싹쓸이를 하네.

좋아?

넷: 짝짓기 때문에 자연사가 생겼다. 유성생식을 하는 종의 개체는 자손 세대를 위해 모조리 사라져야 하기 때문이다.

난 총각인데…

화석 이야기

대	기	지속 기간 (백만 단위)	~년 전
신생대	제4기 가장 별난 포유류	3	3
신생대	제3기 별난 포유류들	65	68
중생대	백악기 티라노사우루스	72	140
중생대	쥐라기 새와 브론토사우루스	65	205
중생대	트라이아스기 작은 포유류	25	230
고생대	페름기 별난 파충류	55	285
고생대	석탄기 검은 연료	65	350
고생대	데본기 어류와 숲	60	410
고생대	실루리아기 해변에서	20	430
고생대	오르도비스기 '낚시는 곤란'	70	500
고생대	캄브리아기 딱딱한 생물	100	600

40억 년 전부터 6억 년 전까지는 선캄브리아기

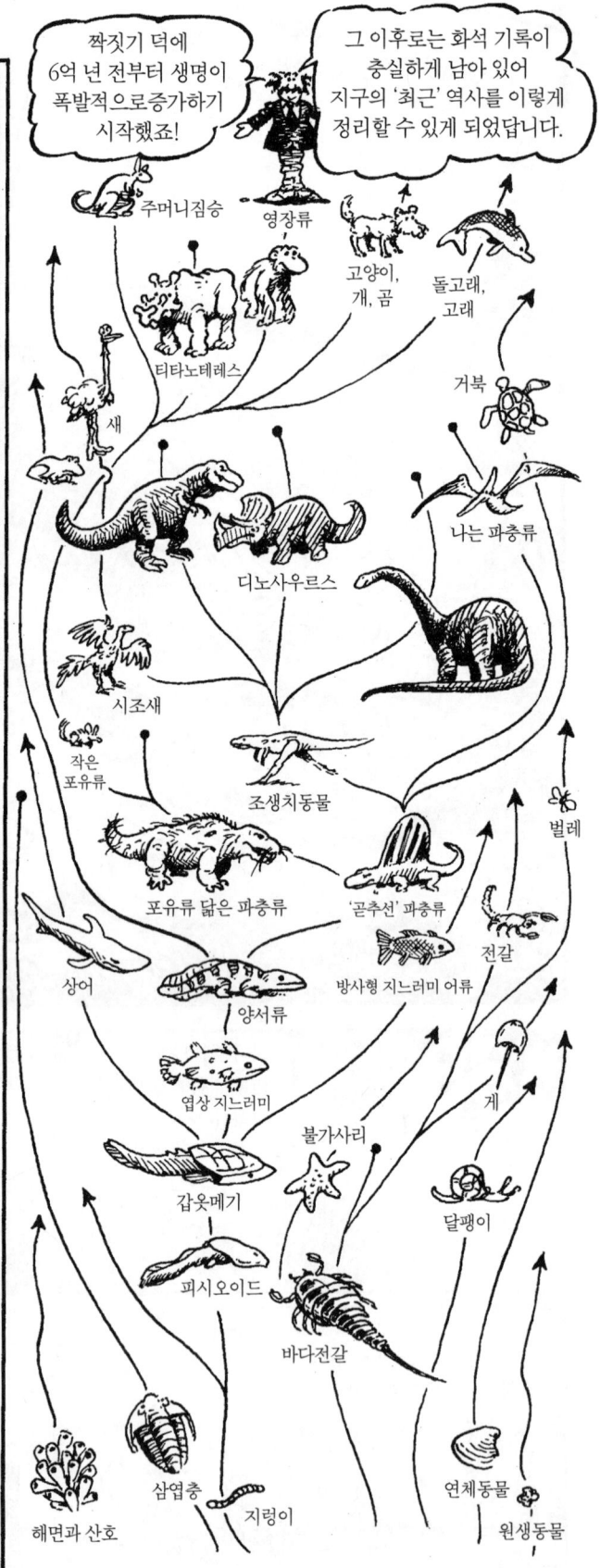

짝짓기 덕에 6억 년 전부터 생명이 폭발적으로 증가하기 시작했죠!

그 이후로는 화석 기록이 충실하게 남아 있어 지구의 '최근' 역사를 이렇게 정리할 수 있게 되었답니다.

캄브리아기

캄브리아기는 빙하기 이후에 찾아왔다.
조산 운동으로 땅이 솟고 빙하가 바다를 빨아올렸다.

자연히 먹이와 공간을 차지하기 위한 경쟁이 가열되었다!

결국 동물은 갑옷을 개발했다!

얼음이 녹고 얕은 바다가 다시 저지대를 덮자 끈적끈적한 갑옷이나 껍질을 가진 생물이 수족관 전체로 퍼져나갔다.

캄브리아기의 제왕은 삼엽충이었다. 삼엽충 화석은 박물관 기념품점에서 지금도 살 수 있다. 3개의 이파리처럼 생겼으며, 바다 밑바닥에 사는 이 녀석은 다양한 변종이 있었다. 또한 유연한 갑옷과 좋은 시력과 무엇이든 가리지 않고 먹는 식성으로 무한히 생존할 수 있을 것처럼 보였지만…

오르도비스기

오르도비스기에 생긴 변화로 벌써 삼엽충은 변방으로 밀려났다. 이 커다란 갑오징어가 주인공은 아니다. (얘는 그냥 지나가는 애다.)

작고 말랑말랑하고 벌레 같은 동물의 몸 안에 중추 신경을 따라서 척색이라는 딱딱한 막대기가 생겼다.

척색은 신축성이 뛰어난 연골들의 고리로 발전하여 딱딱한 갑옷 없이도 중추 신경계를 보호해주었다.

이 동물은 뼈도, 턱도, 이빨도 없었지만 최초의 척추 동물이었다. 거의 어류에 가까웠다!

삼엽충이 어딜 기웃거려!

실루리아기

짧지만 살벌했던 실루리아기에 이 턱 없는 물고기는 발이 7개 달린 바다전갈과 바다를 양분했다. 그러니까 갑옷을 입든가 빠른 지느러미를 달아야 살아남을 수 있었다.

우리 삼엽충처럼 알아서 기든가.

데본기

어류는 우수한 뇌, 등뼈, 갈비, 두개골, 비늘, 민첩성, 그리고 마침내 턱을 발전시켜 전성기를 구가한다.
데본기를 어류의 시대라고 한다.

꺅~~~
그저 만만한 게 삼엽충이지!

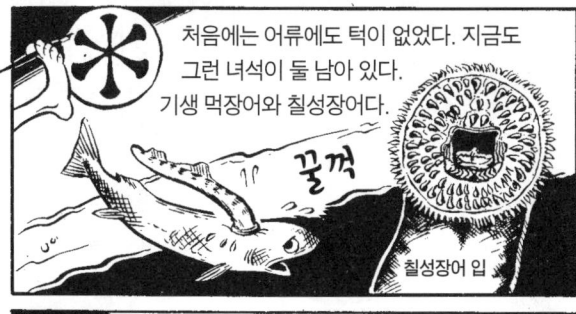

처음에는 어류에도 턱이 없었다. 지금도 그런 녀석이 둘 남아 있다. 기생 먹장어와 칠성장어다.

칠성장어 입

턱이 어떻게 진화했는지는 아무도 정확히 모른다. 처음에는 물고기의 턱이 여러 개의 뼛조각으로 이루어져 있었고 각각의 뼛조각은 신경선을 따라 분비물을 냈던 것으로 보인다.

포유류에서는 턱뼈가 하나로 되었지만 2개의 작은 조각은 그대로 남아 새로운 역할을 맡았다.

망치뼈와 모루뼈

그게 바로 귀 안에 있는 '망치뼈와 모루뼈'고, 그게 있어서 포유류 귀가 밝다고요!

뭐라구?

바다는 워낙 살기가 각박해서 땅이 새로운 주거지로 부각되었다.

이번에도 식물이 총대를 맸다. 오르도비스기와 실루리아기 때 바닷말이 해변으로 기어올라오기 시작했다.

바닷말이 썩자 좋은 토양층이 만들어졌고 새로운 육상 식물이 조상의 무덤에 뿌리를 내렸다.

데본기에는 벌써 식물이 육지를 뒤덮었고, 동물도 야금야금 땅을 잠식했다. 처음에는 곤충이, 다음에는 어류가 상륙했다

내가 일등이다!

벌레가 벌써 와 있는걸!

걱정 마. 쟤네들은 아무도 안 알아줘!

왜?

책은 내 후손들이 쓸 거거든.

겁없는 녀석들은 먹이를 찾아서 혹은 배짱을 과시하려고 물 밖으로 기어 나왔는데…

우린 한다면 해요…

조심해.

가장 잽싸게 물로 돌아온 녀석만이 살아남았다!

흐유, 숨쉬기도 어려운 판인데 물고기 썩은 냄새까지!

자연은 지느러미가 강한 녀석을 선호했다. 지느러미는 서서히 다리로 진화했다. 육상 어류는 원래는 물에서 뜨는 데 쓰던 부레를 허파로 바꾸었다.

결과가 이크티오스테가였다. 최초의 양서류다.

이 감촉!

얘들아, 아무래도 긴 싸움이 될 거 같다!

뭍으로 진출한 최초의 동물은 실은 폐어가 아니라 거미, 노래기, 전갈 같은 곤충이었다.

곤충이 대성공을 거둔 이유는 (현재 살아 있는 종만 90만 종이 넘는다) 무엇보다도 편식을 안 하기 때문이다.

우웩, 똥파리까지? 심하다!

어떤 곤충은 일사불란 위계조직을 발전시켰다.

여왕벌은 연애만 하고 일벌은 일만 하고, 이게 과연 낙원일까?

여왕님하고 연애 못 해봤구나.

어떤 곤충은 철옹성이었다.

바퀴벌레 노무시키!!

웃고 있네?

석탄기

석탄기에 양서류의 자손들은
물과 뭍을 오가며 흐리멍덩하게 살았다.
그들은 짝짓기도 흐리멍덩하게 했다.
가령…

마음에 드는 짝을 만난 수컷은
춤과 노래로 유혹한다.

* 여기 여기!

암컷은 껍질이 없는 말랑말랑한 알을
어마어마한 수로 물 속에 낳아 그에 화답한다.

그리고 나머지는 수컷에게 일임한다.
서로 털끝 하나 건드리지 않고!!

수컷은 혼자서 알을 수정시킨다.

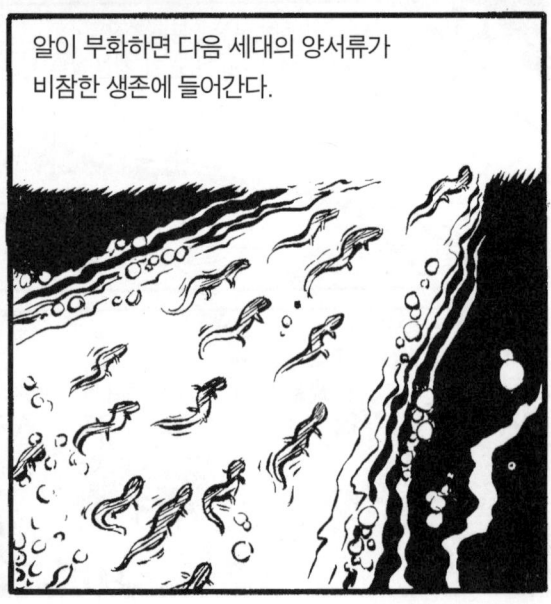

알이 부화하면 다음 세대의 양서류가
비참한 생존에 들어간다.

양서류는 물 속에 알을 낳았지만 땅 위에 두는 방법은 없을까? 내용물을 보호하는 껍질도 필요하겠고 알을 수정시키는 묘안도 필요하다.

어떤 양서류는 완전히 굳지 않은 알을 낳았는데, 이것은 껍질이 딱딱해지기 전에 수정을 하자는 전략이었다.

조금씩 보완이 이루어졌고…

드디어 알을 낳기 전에 수정하는 법을 터득했다. 3억 년 전에 처음 등장한 이 방법이 지금까지도 별다른 수정 보완 없이 애용되고 있다!

껍질이 딱딱한 알은 아무 데나 낳을 수 있었다. 양서류는 이제 파충류로 진화했다!

성의 진화에서 가장 별난 습성을 보여준 동물은 곤충이다. 그중에서도 벌이 희한하다. 벌은 거의가 암컷인데 짝짓기철이 끝나면 수컷을 다 벌통 밖으로 내쫓는다.

어떤 곤충의 수컷은 별미로 암컷을 유혹한다. 죽은 파리나 똥덩어리 같은…

사마귀는 약간 심한 경우. 교미 후 암컷이 수컷을 잡아먹는다.

진드기는 누가 진드기 아니랄까봐 암수가 꼭 붙어 다니며 부부애를 과시한다.

파충류가 직면한 또 하나의 문제는 체온 관리였다. 육지는 기온의 낙차가 커서 견디기가 더 어려웠다.

페름기

페름기의 파충류는 일광욕의 달인이었다. 요상하게 생긴 태양 집열판으로 열을 모았다가 너무 달아오르면 그늘로 피했다.

한편 서늘한 남부 아프리카에서는 테랍시드라는 파충류가 영양소를 빨리 태워 내부에서 열을 만들어내는 방법을 터득했는데,

먹이를 적극적으로 잡으러 다니려고 테랍시드는 파충류 특유의 기어다니는 듯한 걸음걸이를 포기하고 거의 뜀박질에 가깝게 움직였다.

먹이를 잘 씹어먹으려고 이빨도 써는 이빨과 빻는 이빨로 역할이 갈렸다.

털도 생겼을 것이다. 처음에는 더듬이 노릇을 하는 콧수염이었다가 나중에는 몸 전체로 퍼져나가 보온 기능을 했을 것이다.

이빨과 털, 체격 조건이 보통 파충류와는 달랐으므로 테랍시드를 포유류 같은 파충류라고 부르기도 한다.

너무 못생겼다, 그지!

포유류 같은 파충류가 부상하면서 지구 역사상 세 번 벌어진 대멸종의 제1막이 오른다.

잘 먹겠습니다!

바다에서는 삼엽충의 씨가 말랐고 뭍에서는 원시 양서류 상당수가 됐겼다.

윽! 그렇게 심한 말을!

2차 멸종은 1억 6000만 년 뒤에 벌어진다. 바로 공룡의 멸종이다.

3차 멸종은 지금 인간 탓에 죽어가는 야생 동물이다.

그래도 우리 인간은 살아남으리라 믿습니다!

우리 곤충보다는 아닐 걸!

트라이아스기

트라이아스기 초반에 테랍시드는 처음으로 강적을 만났다. 테코돈트라고 불리는 날쌘 두발짐승이었다.

물에서 헤엄치는 데 뒷다리를 활용하던 수상 파충류의 후예인 테코돈트는 육지에서도 그것을 요긴하게 써먹었다!

지구 역사에서 네발짐승이 두 발로 선 적이 딱 두 번 있었는데, 두 실험 모두 대성공을 거두었다. (물론 다른 동물들에겐 수난이었지만…)

덩치에서 자꾸 밀리니까 몸집이 큰 테랍시드는 씨가 말랐다. 작은 녀석들만 남아 최초의 포유류로 진화했다.

1억 3000만 년 동안 작은 포유류는 테코돈트의 거대한 후손에게 눌려 살았다. 바로 공룡이었다!!

거기 꼬맹이들 아직도 고추만한 거야? 응?

테라토사우루스

1700년대 후반 처음 발굴된 거대한 파충류 뼈는 종교적 난제였다. 성서는 멸종한 동물에 대해선 일언반구도 언급하지 않았던 것이다!

조물주는 완전무결하시니, 아무 쓸모없는 건 만들지 않으셨을 터, 고로 이건 존재하지 않는다!

말 되네.

옆에서 이를 지켜보기가 딱했던 과학자들은 창조가 여러 번에 걸쳐 이루어졌다는 설을 제시했다. 종말은 여러 번 있었고 그때마다 멸종과 창조가 반복되었다는 것이다.

그럼 창세기에서 몇 군데만 살짝 고치면 될 것 같아서요.

음, 가능하겠구만.

그래서 1859년 진화론이 발표되었을 때 신학자들은 공룡을 앞세워 반론을 폈다!!

복잡하게 생각할 거 없어! 공룡은 노아 방주에 못 올라탄 거야!

쥐라기

쥐라기로 접어들자 작은 공룡은 새로 진화했고 큰 육식 공룡은 더욱 몸집이 커졌다.

아르케옵테릭스 오르니톨레스테스 메갈로사우루스 알로사우루스

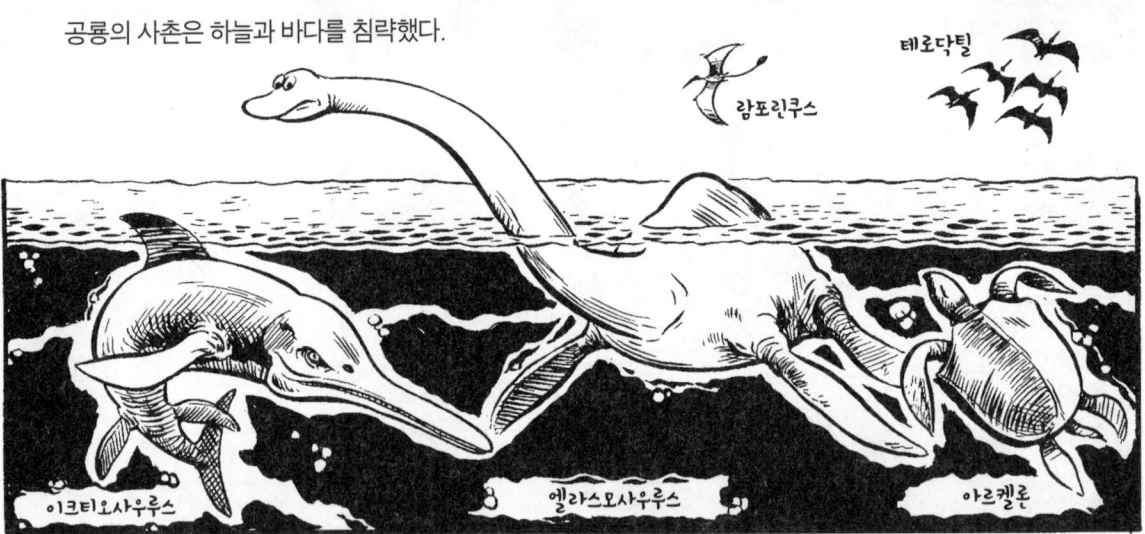

공룡의 사촌은 하늘과 바다를 침략했다.

람포린쿠스 테로닥틸

이크티오사우루스 엘라스모사우루스 아르켈론

거대한 채식 공룡은 너무 살이 쪄서 다시 네 발로 기어다녀야 했다.

브라키오사우루스 브론토사우루스 디플로도쿠스 스테고사우루스

브론토사우루스는 뻘밭을 즐겨 걸어다녔으므로 화석 발자국이 남아 있다.
이것을 토대로 브론토사우루스의 생활상을 엿볼 수 있는데, 세 장면을 소개하면…

알로사우루스의 추격을 받는 브론토사우루스. 브론토사우루스의 몸무게는 30톤이 넘었는데 최고 속도는 시속 20킬로미터에도 못 미쳤다.

대이동에 나선 스물세 마리의 브론토사우루스.

"아야! 누가 내 꼬리 밟았어!" "악!" "억!"

어떤 화석을 보면 앞발만 남아 있고 뒷발은 어쩌다가 보일 뿐이다. 전문가들은 아마 헤엄을 치고 있었을 거라고 추정하지만, 혹시 딴짓한 거 아냐?

백악기

백악기는 공룡 전성시대였다.
이 그림에서 거대한 티라노사우루스 렉스는 오리너구리에 눈독을 들이고 있고,
그의 사촌뻘인 고르고사우루스는 저돌적인 트리케라톱스 무리의 추격을 받고 있다.
철갑으로 무장한 안킬로사우루스, 공중을 나는 테라노돈, 멀리 떨어져 있는 티타노사우루스는 구경꾼이다.
스트루티오미무스('타조 비스무레한 녀석')는 아예 머리통만 처박고 곤경에서 벗어나려 한다.

활엽수도 보이고 잔디도 눈에 띄고 식물은 전체적으로 요즘과 비슷하다.
어떤 식물은 새로 진화한 벌 같은 곤충을 유혹하려고 꽃을 피우는 전략을 택했다.
벌은 꽃가루를 다른 꽃으로 실어 날라 수정을 돕는다. 덩치가 큰 새도 나타났다.

7000만 년 전 알 수 없는 이유로 갑자기 세계에 한파가 몰아닥쳤다.

바다에서는 단세포 플랑크톤이 깡그리 멸종하여 생태계에 재앙을 초래했다.
우린 뭘 먹고 살라고!

먹이사슬이 붕괴되자 어류, 조개류, 거대한 해양 파충류 할 것 없이 바다 생물이 전멸했고…

육지의 사정도 나을 게 없었다. 식물이 죽어가자 동물도 맥을 못 추었다. 덩치가 큰 동물일수록 타격이 컸다.

제대로 영양 섭취를 못한 공룡이 낳은 알은 갈수록 껍질이 얇아졌다. 껍질에서 충분한 칼슘을 공급받지 못한 새끼는 뼈가 약해서 알을 까고 나올 기운도 없었다.

1억 3000만 년 동안 군림해온 공룡은 마침내 세상을 영원히 하직했다.
공룡의 앙숙이었던 작은 포유류는 제 세상을 만났다.

공룡의 멸종을 설명하는 이론은 수없이 많다. 그중엔 요상한 이론도 있다.

새로 진화한 식물에 알레르기 반응을 일으켜 자다가 죽은 거야!

작은 포유류가 공룡 알을 먹어 치운 거라니까!

공룡 만화를 읽다가 돌아버렸다고 하시지?

제일 최근에 나온 설이 가장 신빙성이 높은데, 소행성이 지구와 충돌해 생긴 어마어마한 먼지 구름으로 기온이 몇 년 동안 뚝 떨어졌다는 것이다.
(앞으로도 재연되지 말란 법이 없다.)

공룡 떨어진다아!

그렇지만 공룡 중에도 덩치 큰 놈만 멸종했다는 사실을 명심하도록. 날개가 돋아난 작은 공룡은 아직도 우리 곁에 남아 있다. 새로!!

로켓을 만들다가 폭사했대두!

담배 사러 갔다 길을 잃은 게야!

오리가… 공룡?

포유류의 시대

제3기의 시대 구분 (26쪽 참조)		
시대	기간 (백만 단위)	년 전
플라이오세	15	3
마이오세	12	18
올리고세	11	30
에오세	22	41
팔레오세	5	63
백악기		68

공룡이 사라지자 그동안 죽어 지내던 작은 포유류들이 우르르 쏟아져 나왔다.

어떤 녀석은 평야로 나가서 키가 2미터도 넘는 '공포의 기중기' 디아트리마의 먹이가 되기도 했다.

어떤 녀석은 벌레 잡으러 하늘로 치솟았다.

어떤 녀석은 물고기에 맛을 들여 열심히 수영 연습을 했다.

한편 우리 조상님인 영장류께옵서는 워낙 소심한 탓에 그냥 나무에 머물러 있었다!

에오세 시대에는 이미 포유류는 작은 동물이 아니었다. 어깨 높이가 자그마치 2미터가 넘는 우인타테리움, 고래의 조상 제우글로돈, 원시 박쥐, 발굽 달린 원시 포유류 코리포돈, '말의 싹수가 보이는' 꼬마 에오히푸스가 이 그림에 보인다.

날개가 어떻게 진화했는지는 아직도 수수께끼이다. 문제는 어설픈 날개만으론 날 수가 없다는 것이다.

날다가 잘못하면 목숨을 잃을 수도 있었으니 어설픈 날개를 가진 동물이 살아남아 번식을 했으리라고는 상상하기 어렵다.

뭐 하는거야, 지금!

하지만 어설픈 날개는 벌레를 잡아채거나 하는 다른 쓸모가 있었을지도 모른다. 비행에는 나중에 쓰이고.

얌마! 누가 벌레 잡으랬지 날아다니랬어!

먹음직스러운 종이
우후죽순 생겨나자 포유류는
서로를 잡아먹기 시작했다.
가장 먼저 등장한
육식 포유류 크레오돈트는
영리한 경쟁자들에게 밀려났다.
포유류는 자연의 맹주가 되었다.

말, 돼지, 영양, 꼬마 코뿔소처럼 빠른 동물은 잽싸게 달아났다.

어떤 녀석들은 달아날 필요가 없었다. 바로 덩치 큰 코뿔소와 그 사촌들이었다.
올리고세는 가히 뿔의 시대라 이를 만했다.

하지만 뭍에 사는 포유류 중에서 덩치가 전무후무하게 컸던 녀석은 올리고세 때 살았으며 코뿔소와 비슷하지만 뿔이 없던 바울루키테리움이었다. 어깨 높이가 무려 6미터에 육박했다!

뿔 가진 동물은 짝짓기 상대를 차지하기 위한 싸움에서 뿔을 요긴하게 써먹었다. 이를테면…(이 녀석은 올리고세에 살았던 뿔 달린 땅다람쥐 에피갈루스다.)

짝짓기 철이 돌아오면 한 놈이 지쳐 나가떨어질 때까지 수컷끼리 치고 박고 난리를 피운다.

이긴 놈이 암컷을 독차지하니 뿔은 자꾸만 커져서 나중에는 처치 곤란일 정도가 되었다.

쯧쯧, 뿔 크다고 뻐기더니 꼴좋~다.

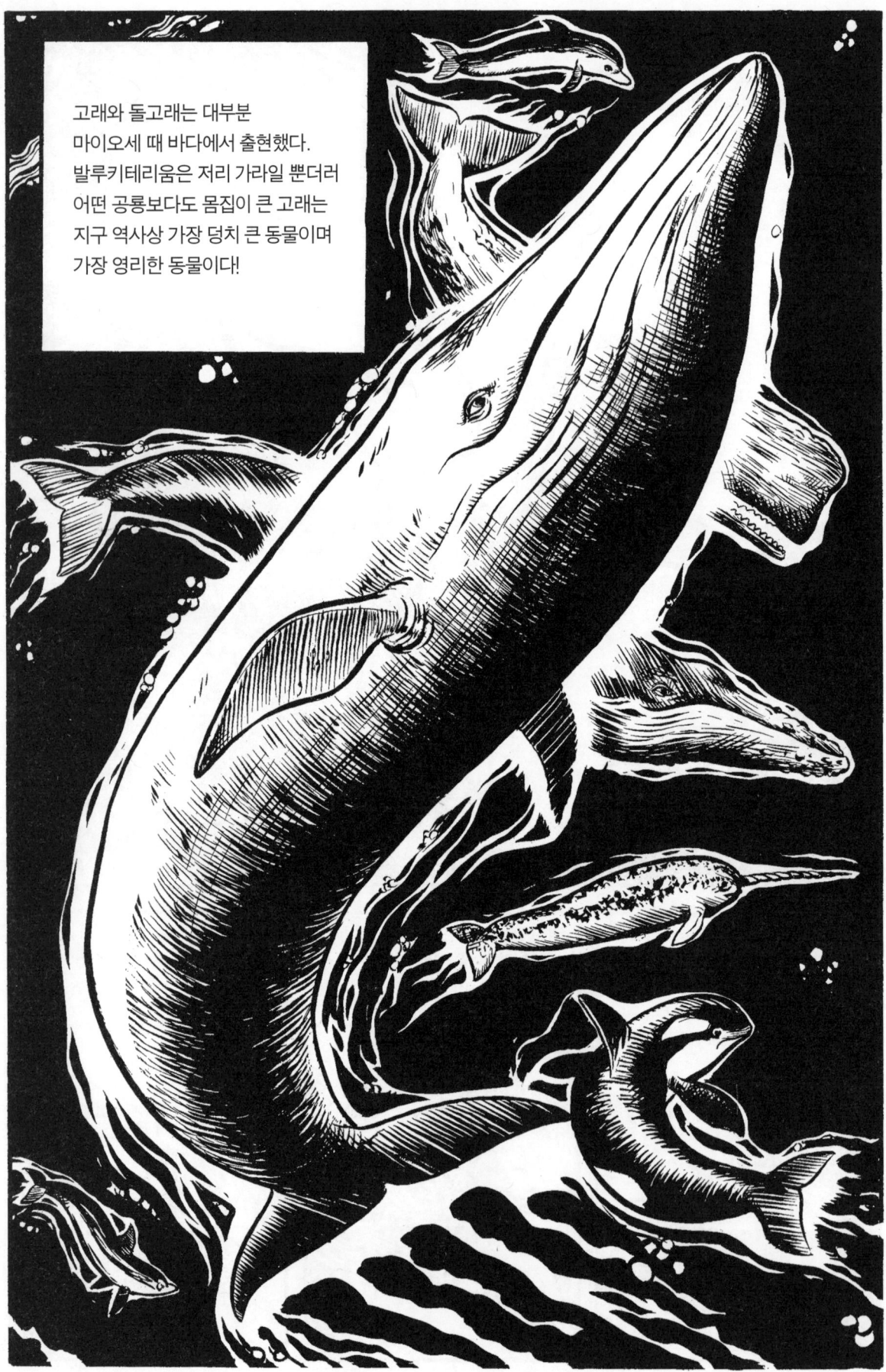

고래와 돌고래는 대부분 마이오세 때 바다에서 출현했다. 발루키테리움은 저리 가라일 뿐더러 어떤 공룡보다도 몸집이 큰 고래는 지구 역사상 가장 덩치 큰 동물이며 가장 영리한 동물이다!

마이오세 때 땅에서는 마스토돈이 등장했다. 뻐드렁니가 삽처럼 튀어나온 이 녀석은 암벨로돈이고 뒤에 보이는 녀석이 마스토돈이다.

진로 방해하지 맛!!!

오스트레일리아처럼 고립된 지역에서는 주머니에 새끼를 낳아 기르는 주머니짐승(有袋目)과 생식관과 배설관이 하나로 통합된 외구멍짐승(單孔目)이 나타났다.

새끼를 직접 낳는 포유류가 부럽네!

엄마 맞아?

단공목에 속한 오리너구리는 알을 낳으며, 작은 곰처럼 생긴 웜뱃이나 캥거루 같은 주머니짐승 미숙아를 특수한 자루에 낳아서 키운다.

으이그! 자식이 아니라 웬수다!

아빠가 엄마 잘 감시하랬어…

메롱.

주머니짐승은 대부분 멸종 위기지만. 주머니쥐만 4000만 년 전 그대로 잘 버티고 있다. 왜냐? 비겁하니까.

또 죽은 척하네. 그만 잡아먹자!

저런 쓸개도 없는 놈을 먹는다고? 차라리 굶어죽겠다!

플라이오세와 함께 포유류들의 태평성대가 열렸다.
마이오세의 밀림은 사라지고 드넓은 초원에 영양, 말, 낙타, 기린, 코뿔소, 마스토돈이 바글거렸다.
맹수로는 검치 고양이, 개, '개 같은 곰', 하이에나가 있었다.

초원이 숲을 야금야금 잠식하는 바람에 나무에서 내려올 수밖에 없는 영장류가 생겼다.
플라이오세의 원숭이들은 들판으로 진출하여 개코원숭이로 진화했다.
일부 유인원은 먹이를 구하러 초원을 들락거리다가 머무는 기간이 슬슬 길어졌다.
결국 이들이 두 발로 직립을 하면서 지상 생활에 적응했다.

바야흐로 인간의 시대가 열린 것이다.

다음은, 인류의 진화에 대하여

INTRODUCTION

2

인간, 막대기와 짱돌을 사용하다

다른 대륙들도 그렇지만 아프리카도 누대에 걸쳐 파란만장한 변화를 겪었다. 지금으로부터 1500만 년 전 아프리카는 대충 이런 모습이었다. 빽빽했던 밀림이 광활한 초원과 사바나라고 하는 듬성듬성한 수풀 지대에 차츰 밀려나고 있었다.

그 전까지 원숭이 일가족은 숲에서만 살았지만…
나무가 줄어들자 한 원숭이 무리가 과감히 초원으로 뛰어내렸다.

정설은 아니지만 아주 황당무계하지만은 않은 인간의 진화설을 일레인 모건이라는 영국의 방송 작가가 내놓았다.

표범한테 쫓기던 원시인은 과연 어디로 달아날까? 호수일까 나무 꼭대기일까?

나무로 올라가라? 응? 제발!

모건은 호수일 거라면서, 인간이 수중 생활을 하며 어떻게 진화했는지 상상의 나래를 펼친다.

설마 물속에 실례하는 건 아니겠지?

그래서 인간 몸에는 털이 많지 않고, 물에 잘 뜨라고 가슴도 불룩한 거라고.

이 남다른 포유류는 두 발로 달리는 직립을 선택했다. 될성부른 종은 하나같이 직립을 선택하는 것일까?
(인간 말고 직립을 선택한 동물은 공룡과 캥거루뿐인데 둘 다 성공을 거두었다.)
직립 보행 덕분에 유인원의 두 손은 해방되었다. 여기서 중요한 의문이 생긴다.

이 손으로 뭘 하란 거야?

배영?

300만 년 전에 이르자 유인원은 크게 세 부류로 갈라졌다.

채식을 즐겼고 몸집이 가장 컸던 오스트랄로피테쿠스 로부스투스

우리의 직계 조상 호모 하빌리스 ('손재주 좋은 사람')

제일 가냘펐던 오스트랄로피테쿠스 아프리카누스.

나무에서만 살던 이들은 털이 덥수룩한 몸으로 땡볕 내리쬐는 아프리카 초원을 누비려니 너무 더웠다.

그래서 온몸에 땀샘이 생겨났다. 땀샘을 통해 수분을 증발시키면 체온이 내려간다.(냄새는 좀 나지만)

사람이 다른 동물보다 갈증에 약한 건 그 때문이다. 땀샘이 꼭 좋은 것만은 아니란 말씀…

땀띠 잘 나는 만화가한테는 특히 더!

호모 하빌리스가 우위를 점할 수 있었던 비결은 협동 생활에 있었다.

남자는 고기를 구하러 밖으로 나가고, 여자는 아이를 보살피면서 식물을 채집했다.

저녁해가 기울면 보금자리로 돌아와 식량을 나누었다.
원숭이 같으면 꿈도 못 꿀 이런 행동이 인간 사회의 기초가 되었다.

일단 이런 방식에 틀이 잡히자 더욱 가속도가 붙었다. 협동을 하려면 두뇌와 학습이 필요했고 자녀 양육이 더 절실해졌으며 이것은 남자와 여자의 분업을 부추겼다. 그러자면 다시 협동이 필요했고 더 많은 지능이 필요했고, 이런 과정이 되풀이되었다.

그러던 어느날 사냥꾼에게 묘안이 떠올랐다!

돌과 돌을 맞부딪쳐 날카로운 도구를 만들자는 것이었다.

여자는 무슨 발명을 했을까? 여자도 당연히 도구가 필요했을 터. 과일과 도토리 따위를 운반하려면 장난이 아니었을 거다.

여자가 발명한 것은 딱딱한 돌이 아니라 부드러운 보자기가 아니었을까?

세월이 오래 흐르면 흔적조차 없이 사라지는.

자연히 (남성) 과학자들은 남아 있는 증거에만 의존해 뻔한 결론을 내린 건 아닐지.

도구는 사람만 쓰는 것이 아니다. 캘리포니아에 사는 바다수달은 돌멩이를 골라 그놈으로 굴을 까먹는다.

침팬지는 이파리를 떼어낸 나뭇가지를 개미집에 쑤셔넣어 '낚시'를 한다.

하지만 도구에만 의존하여 살아가는 동물은 이제까지 인간 말고는 없었다. 인간은 도구 없이는 못 산다!

100만 년쯤 지나자 도구를 쓰던 원시인은 뇌가 두 배로 커졌고 직립 자세도 거의 완전해졌다.
(허리가 약간 삐끗할 때도 있었지만)

지금으로부터 120만 년 전쯤에 해당하는 이 단계의 인간을 호모 에렉투스라고 부른다.
(라틴어로 '직립인'이란 뜻)

에렉투스는 우리보다는 아둔했겠지만, 다른 동물들한테는 공포의 화신이었을 것이다.
아프리카에서는 개코원숭이의 집단 학살지가 발굴되었다. 에렉투스 사냥꾼들은 불운한 원숭이들을 향해 협공을 펴면서 무려 1톤이 넘는 돌멩이를 던졌다.

호모 에렉투스는 오스트랄로피테쿠스도 집적거리기 시작했다.

작은 오스트랄로피테쿠스 아프리카누스는 금세 밀려났지만, 채식을 하면서도 건장한 로부스투스는 덩치가 있으니까 오래 버텼다.

하지만 로부스투스는 채식만 하다 보니 호모 에렉투스처럼 문화를 발전시키지 못했고 뇌를 쓸 일도 없었다.

"오께."
"아궁."

결국 로부스투스도 다른 동물들처럼 변변히 싸움도 못해보고 정든 보금자리를 떠나야 했다.

지금으로부터 100만 년 전 마침내 오스트랄로피테쿠스는 멸종하고 호모 에렉투스가 무적의 강자로 군림하기 시작했다.

"빠진 고리네!!!"

1891년 인도네시아 자바에서 네덜란드의 과학자 외젠 뒤부아가 원시인 뼈를 발굴해 피테칸트로푸스에렉투스라는 이름을 붙였다. '직립 유인원'이란 뜻이었다.

불행하게도 다른 유럽 과학자들은 다리뼈 하나와 두개골 파편으로 뭘 알 수 있느냐며 냉랭한 반응을 보였다.

"똑같은 동물에서 나온 뼈라는 보장도 없잖아."
"아무래도 관절염 걸린 개코원숭이 같은데."
"요즘 뼈라니까요."

"눈에 흙이 들어와도 안 보여줘!"

동료들의 비판으로 가슴에 피멍이 든 뒤부아는 화석을 마룻바닥 밑에 숨기고 아무한테도 안 보여줬다. 버르장머리를 가르쳐 줄테다!

세월이 흐른 뒤 피테칸트로푸스는 자바 원인, 즉 호모 에렉투스의 초기 형태로 공인받았다. 그런데 이번에는 뒤부아가 엉뚱한 소리를 했다!

"아무래도 관절염에 걸린 개코원숭이 같아… 전부터 그렇게 생각했어… 평지풍파를 일으켜서 미안해…"

빙하 시대의 시작

호모 에렉투스가 열대 지방에서 진화하는 동안 세계의 북반구는 꽁꽁 얼어붙고 있었다.
첫번째 빙하 시대가 닥친 것이다. 겨울은 점점 모질고 길어졌고, 몇 킬로미터나 되는 빙하가 지상을 덮었다.

우리의 원시인 조상 중에서 일부가 산으로 들어가서 설인, 왕발 같은 거대한 괴물로 진화했다는 설도 제기되었다.

많은 목격자가 나타났고 심지어는 괴물을 생포했다는 주장까지 나왔지만 결론은 대동소이하다.

그때 비자연사연구소에다 보냈수. 행여 알아볼 생각일랑 마슈. 50년 전에 벌써 문을 닫았거든. 어차피 주소도 모르지만. 난 거짓말 안 하는 사람이라오.

지금까지 나온 가장 단단한 증거는 설인이 남겼다는 똥이다.

으, 단단하기는, 푸석푸석하네!!!

똥 한번 거하게 쌌다!!!

하지만 인간의 조상이 아프리카를 벗어나 유럽에서 인도, 중국까지 세계 전역으로 퍼져나간 것은 이 첫번째 빙하기 때였다. 더운 데서 살도록 진화한 아프리카 유인원이 어떻게 이런 혹한을 견딜 수 있었을까?

분명 불을
사용했던 것!!!

동물 대부분은 불을 무서워하지만 유독 인간은 불이라면 사족을 못 썼다.

물론 불장난하다가 신세 망친 분도 많이 계셨을 테지만!!!

헐~ 헐

처음에는
자연 상태의 불을 가져와
집안에 놓고 대대손손
고이 모셨을 것이다.
(중국의 한 동굴에서는
재가 무려 7미터 가까이
쌓여 있었다.)
불은 인간의 생활을
확 바꾸어놓았다.

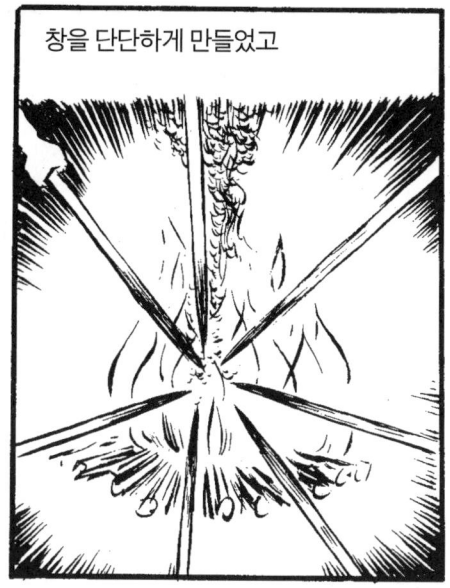
창을 단단하게 만들었고

예전보다 더 큰 짐승을 사냥할 수 있었으며

연기로 우르르 짐승 떼를 몰았고

맛있는 요리도 했다.

배를 가득 채운 다음에는 모닥불 주위에
모여앉아서 수다를 떨었다.
불이 언어 활동을 자극한 것이다!

고등 동물은 소리나 몸짓으로 대화를 하지만 인간은 상징 체계를 만들었다. 그러자면 이름이 필요하다.

언어가 있으니까 현실 세계와 전혀 관련이 없을 법한 문장도 곧잘 만들었다.

상징의 위력을 깨달으면서 사람들은 의식을 고안했다. 의식은 그 자체로는 의미가 없지만 상징적 가치가 있는 행동을 말한다. 에렉투스의 의식은 두 가지가 알려져 있는데…

또 하나는 인육, 즉 사람의 고기를 먹는 것이었다. 적을 무찔러 그 고기를 먹으면 적의 기운을 흡수하여 힘이 세진다고 식인종은 믿었다. 호모 에렉투스의 주거지에서 이런 식인 의식의 흔적이 발견되었다.

테라 아마타 유적

테라 아마타는 남부 프랑스에 남아 있는 선사 시대의 유적지다. 보존 상태가 양호한 이 주거지에서 호모 에렉투스의 생활상을 엿볼 수 있다. 30만 년 전 지중해 바닷가에 한 무리의 사람들이 길이 12미터쯤 되는 움집을 지었다. 1965년 이곳에 고층 건물을 짓던 중 기둥 구멍과 돌덩어리들이 발견되었다.

인간은 수백만년 전부터 집을 짓고 살았지만 보통 석기 시대에 살던 사람을 '혈거인'이라고 부른다. 동굴에서 사는 사람이란 뜻이다.

좋은 천막 놔두고 동굴로 들어가는 심보는 뭐야?

애향심 아닐까요!

집터의 보존 상태가 상대적으로 양호하다는 것도 과학자들이 동굴 연구를 선호한 한 가지 이유다.

10년 동안 강둑만 죽어라고 팠지만 말짱 꽝이더라구! 교수로 정년을 보장받으려면 동굴로 들어가야겠더라구!

계획있네

동굴 천장이 폭삭 주저앉으면 알짜 화석이 만들어진다!

고향도 좋지만 갑자기 큰 바닥에서 놀고 싶네.

풀~썩

주제 파악 좀 해.

으악

동굴 안은 쓰레기장을 방불케 했다. 모든 생리적 욕구를 동굴 안에서 해결했다.
분뇨 화석 안에 포함된 식물 성분으로 과학자들은 테라 아마타가 여름 캠프였다는 사실을 알아냈다.
이곳에 머물렀던 사람들이 정착 생활을 하지 않았다는 뜻이다.

돌을 다듬는 특별 구역이 있는 것으로 보아 무리 안의 동료들을 위해 석기만 제작하는 기술자가 있었던 듯하다.
바닥에는 동물 털가죽에 눌린 자국도 남아 있다.

불자리 주변에서는 새, 거북, 토끼, 생선, 홍합, 굴, 새끼 사슴, 코끼리,
돼지, 코뿔소, 들소의 뼈가 발견되었다. 바닥에 움푹 파인 곳은
나무 주발을 놓았던 자리로 추정된다.

그리고 사방에 널린 수수께끼의 붉은 흙덩어리는
과연 무엇일꼬…

우리가 살아가는 요즘 세상은 진보 빼면 시체지만 호모 에렉투스는 무려 50만 년 동안이나 거의 변하지 않았어요!

그들은 늘 똑같은 돌을 다듬으면서 어제와 다르지 않은 오늘을 살았다.

우리는 그들의 무지와 빈궁을 딱하게 여길지 모르지만 그들은 먹을 것이 지천에 널린 세상에서 소유한다는 것을 오히려 한심스럽게 여겼을 것이다.

지금의 채집 수렵 사회 기준으로 보면 호모 에렉투스의 노동 시간은 하루 평균 4~5시간이었고 그 밖에는 놀거나 빈둥거리면서 시간을 때웠을 것으로 보인다.

그러니 진보의 '진'자만 들어도 눈살을 찌푸렸을 수밖에…

하지만 자연은 끝없이 달라지고 있었죠. 인간의 뇌 안에서도 엄청난 변화가 시작되었으니…

독특한 생김새를 가진 개체가 서서히 나타났다.

머리가 갈수록 커지면서… 머리만 크면 장땡인 그런 세상이 왔다!

결국 호모 사피엔스 ('생각하는 사람') 중에서도 머리는 크고 이마는 좁은 종족이 세계를 주름잡았다.

네안데르탈 사냥꾼은 마음만 먹으면 어떤 동물이든 손에 넣을 수 있을 만큼 솜씨가 좋았다. 유럽에서는 매머드가 식탁에 자주 올랐다.

돌 다듬는 기술도 좋아졌다. 돌멩이를 무작정 깨뜨리는 대신 '몸돌'을 준비하여 미리 모양을 다듬은 뒤 뾰족돌로 잘라내어 찌르개도 만들고 끌개도 만들었다.

네안데르탈인은 세상에 대한 성찰도 게을리하지 않았다. 그들의 내면은 도저히 알 길이 없지만, 그들이 믿었던 주술을 짐작케 하는 흔적이 발견되었다.

똑같이 앞을 바라보고 있는 곰 머리 일곱 개가 동굴 깊숙한 곳에서 발견되었다.

변을 뿌리고 석기를 박아놓은 사슴 시체도 발견되었다.

주위에 돌무더기를 쌓아놓고 해골을 꽂아놓은 막대기도 있었다.

네안데르탈인은 죽은 사람을 매장했다. 고인이 잘 먹던 고기나 즐겨 다루던 연모도 함께 묻었다. 이라크의 샤니다르에서 발굴된 한 무덤에는 꽃송이가 뿌려져 있었다.

네안데르탈인의 뇌는 현대인만큼 컸지만 성대 구조가 달라서 낼 수 있는 소리는 제한되었다.

비강[코안]
입
네안데르탈인

비강
입
현대인

그들은 손짓 발짓을 해가며 또 꽥꽥거리며 의사 소통을 했을 것이다.

(통역) 나 멀리서 왔다 해. 좋은 돌맹이 가져왔다 해.

(통역) 처음 들어보는 사투린데.

현대어에도 네안데르탈인이 쓰던 몇몇 '단어'는 남아 있는 듯하다!

등신 같은 게 우리가 하는 말을 통 못 알아듣는구먼!

야 이×야!

하지만 이들의 인구가 불어나면서 네안데르탈인과의 접촉이나 갈등을 피할 길이 없었다.

유럽에서는 네안데르탈인이 쓰던 도구가 돌연 사라지고 훨씬 정교한 연모가 나타나는 것으로 보아 대대적인 충돌이 있었던 것으로 짐작된다.

즉, 이마가 높은 크로마뇽인이 네안데르탈인을 절멸시키는 정복 전쟁이 벌어진 것이다.

수고했네!

길을 가던 두 원시인 무리가 만났을 때, 그들은 아마 선물을 주고받으며 우애를 다졌으리라.

내 것은 다 크로마뇽 사촌 자네 것이네, 암.

네안데르탈 형님한테 뭐가 있는데요?

하지만 이동 수렵 생활을 하는 처지로 변변한 재산이 있을 리 없었다.

돌멩이 몇 개랑 우리 이쁜 딸아이.

돌멩이야 나도 있고…

결국 그들은 결혼 적령기의 자식들을 주고받았다. 네안데르탈의 피는 아직도 우리 속에 면면히 흐르고 있다.

우리 '끼리끼리 석재가공사'는 바로 선생 같은 분과 사돈 맺고 싶었습니다.

크로마뇽의

4만 년 전 처음 나타난
높은 이마 무리는
삽시간에 세계를 정복했다.

크로마뇽인은
다시 아시아를 통해
북아프리카로 넘어갔고
얼마 뒤에는 사하라(당시는
사막이 아니었다)를 건넜다.

3만 7000년 전
크로마뇽인은 유럽을 침략하여
네안데르탈인을 쓸어내면서
한편으로는 그들과 피를 섞었다.

아시아에 진출했던 크로마뇽인 가운데 일부는
배를 타고 인간이 한 번도 발을 디딘 적이
없었던 오스트레일리아와 폴리네시아로
활동 영역을 넓혔다.

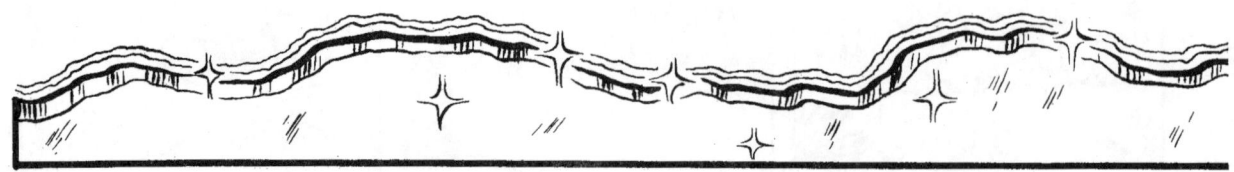

세계 정복

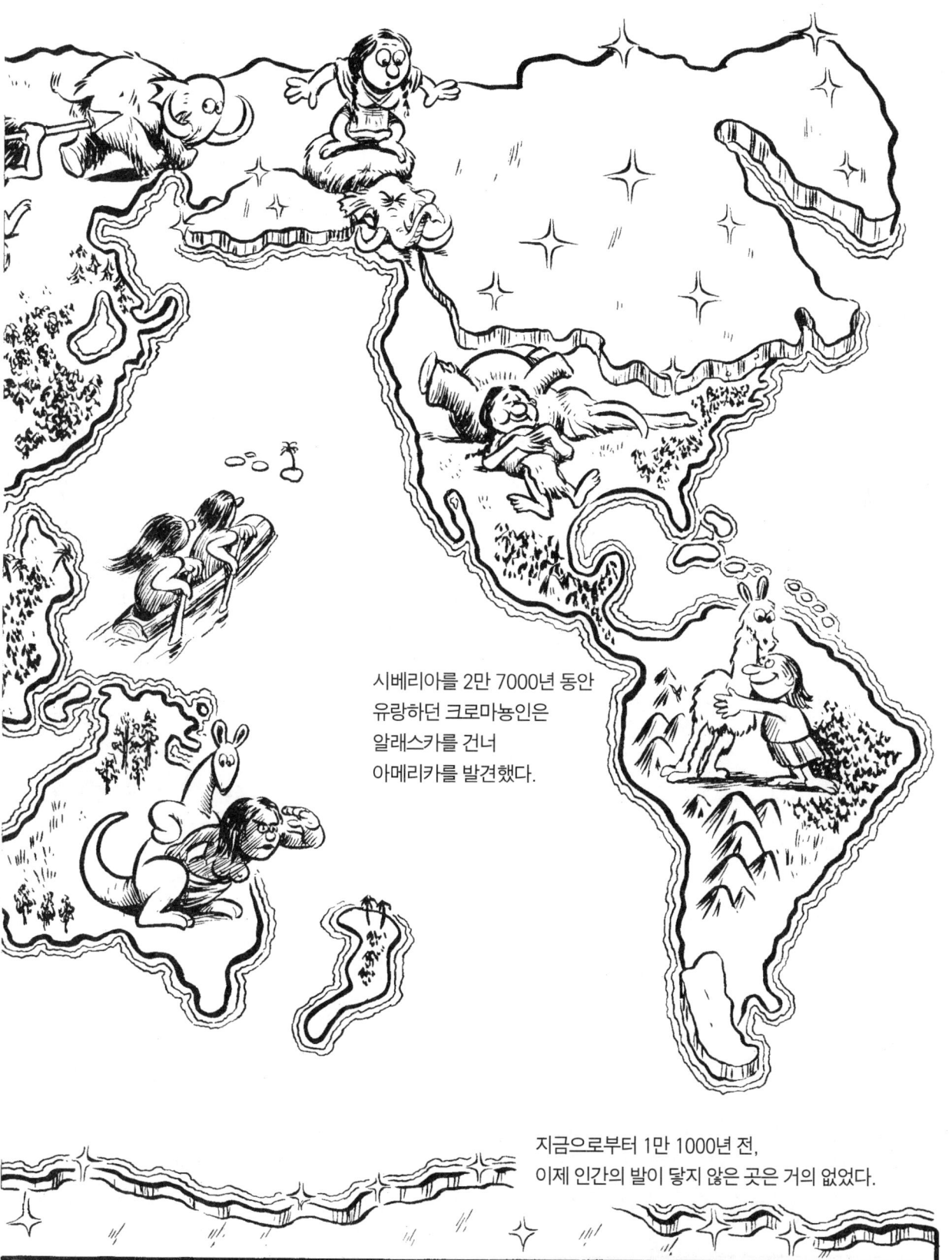

시베리아를 2만 7000년 동안 유랑하던 크로마뇽인은 알래스카를 건너 아메리카를 발견했다.

지금으로부터 1만 1000년 전, 이제 인간의 발이 닿지 않은 곳은 거의 없었다.

돌니 베스토니체 유적

지금으로부터 2만 5000년 전 체코슬로바키아의 돌니 베스토니체에 네 무리의 크로마뇽인이 집락촌을 이루었다. 그들은 네안데르탈인처럼 매머드를 사냥했지만 고기만 먹은 것이 아니라 뼈를 가지고 집을 짓고 벽을 올렸다. 자원을 철저하게 활용했던 것이다. 그 바람에 매머드 같은 동물의 수가 급격히 줄어들었다. 주거지로부터 약간 떨어진 호젓한 곳에 작은 오두막 한 채가 있었는데…

오두막 안에는 진흙을 굽는 화덕이 있었다. 그것으로 토기를 만들었느냐 하면 그건 아니었고…

바로 점토상을 만들었다. 이것이 최초의 예술이었다.

수백 개의 점토상 중에서도 눈길을 끄는 것이 있었으니, 얼굴 한쪽이 축 처진 여인의 두상이었다.

여자의 시신이 달랑 묻혀 있는 무덤이 주거지 한구석에서 발견되었다. 그녀의 얼굴은 부분적으로 마비가 되어 한쪽이 처져 있었는데…

이 여인은 가마를 지키던 주인공이었을까? 무리를 위해 봉사하던 예인이었을까? 물, 흙, 불을 주무르는 주술사였을까? 두 점토상은 자화상이었을까?

그렇지 않다면, 왜 유독 그 여자의 얼굴만 점토상으로 표현한 것일까? 왜 그 여자의 무덤만 남아 있는 것일까?

나한테 묻지 마! 매머드가 뭘 알겠어!

아이도 있는데 너무 자학하지 마, 자기!

가마에서는 또 피리의 원조로 보이는 악기도 나왔다.

2만 5000년 전 벌써 악기가 있었단 뜻인데, 음악은 아마 훨씬 전에 생겨난 듯하다. 돌을 두드리는 규칙적인 소리에서 유래하지 않았을까.

석기를 만들던 원시인들은 박자를 맞춰가면서 돌을 가격하면 흥도 나고 힘도 덜 든다는 사실을 알아차렸을 것이다.

아주 단순한 가사까지 덧붙여 최초의 록 뮤직을 만들었으리라.

손가락을 찧었져…
딱~ 딱~
아팠져 아팠져…
딱~ 딱~

크로마뇽 예술에서 가장 흔히 볼 수 있는 것은 동물상을 제외하면 수수께끼의 '비너스상'이다. 선사 시대 전문가들은 그 의미를 놓고 아직도 갑론을박을 벌인다.

크로마뇽 남자를 자극하려고 만든 것일까?

꿀꺽! 모델이 과연 누굴꼬?

저런 뚱땡이가 뭐가 좋다고…

위대한 지모신 곧 대지의 여신을 표현한 것일까?

질문 있는데요!

뭔데.

지모신이 뭐예요?

아니면 순조로운 출산을 기원하는 행운의 부적이었을까? (지금도 에스키모 사회에서는 이런 부적을 쓴다.)

저처럼 우람한 산모도 꼭 닮아야 하나요?

건강은 건강할 때 지키란 말 몰라?

아니면, 전부 다였을까?

아무튼 '비너스' 상을 비롯한 원시 시대의 조각품은 종교적 사유의 기원과 관련이 있을 듯한 추상화와 이상적 형식에 대한 감각이 이때 벌써 싹텄음을 시사한다.

사실주의라니까. 우린 진짜 육체파였어.

원시 예술은 애니미즘 신앙을 표현한 듯하다. 만물에는 영혼이 깃들어 있고 그 영혼의 활동이 자연계를 움직이는 원동력이라 원시인은 믿었다.

눈에 안 보이는 또 다른 세상이 저 뒤에 있다는 거야?

그냥 해본 소리죠. 아니면 말고.

세상을 다스리는 한 가지 방법은 그림, 즉 예술 작품으로 영혼을 붙들어매는 것이었다.

나랑 똑같이 만든 인형에 죽어라고 음식을 처넣는데, 왜 나는 여직껏 배가 고프냐?

믿음이 부족한 탓 아닐까?

모름지기 예술은 그 시대의 지배적 가치관을 표현하게 마련이었다.

이 세상을 몽땅 비닐 봉지에 담을 생각입니다.

비닐 봉지는 저희 회사에서 원없이 대드리겠소.

원시인의 그림은 지금도 프랑스, 스페인, 남부 사하라에 남아 있다.

잘 그리지?

모델이 좋은 거네.

비밀 의식이라도 했는지 동굴 깊숙이 그림을 그린 것으로 보아 원시 화가들의 마음속에는 종교나 마법에 대한 믿음이 있었던 듯하다.

언더그라운드의 원조는 바로 우리야!

크로마뇽인의 그림은 인간이 도달한 독자적 생존술의 정점이었다.
이 그림이 그려지고 얼마 안 가서 인간은 새로운 식량,
새로운 사회 조직 방식, 새로운 신을 찾아나설 수밖에 없었다.
기후 변화 때문이었다.

왠지 따뜻한 봄바람이 불 것 같지 않아요?

헛소리 말고 창이나 잘 던져!

빙하 시대의 끝

1만 2000년 전 지구의 기온이 다시 상승하여 빙하가 녹으면서 마지막 빙하 시대도 막을 내렸다. 하지만 좋아하기는 아직 일렀으니…

빙하가 녹자 홍수에 시달려야 했고

기후 변화로 열풍이 대지를 강타하면서 기근이 닥쳤다.

굶주린 늑대들은 모닥불 근처를 어슬렁거렸다!

어우우우우우우~~

내 엉덩이 살이라도 한번 뜯어먹으라고 해볼까?

어느 날, 늑대 한 마리가 딱한 표정으로 모닥불 근처까지 왔다.

허이구! 이젠 간덩이가 부었구나!

빨리 엉덩이 한번 더 들이미세요!

귀엽지 않아요?

개가 있건 없건 사람들은 기후 변화 때문에 부득이 새로운 식량원을 찾아나설 수밖에 없었다.

이 풀로라도 뭘 좀 해봐?

풀 말고 뭐가 더 있긴 있어?

여자들은 짚으로 만든 가볍고 질긴 바구니에 야채를 담아 날랐다.

그 과정에서 자연 섬유를 꼬아 만드는 밧줄도 탄생했다.

밧줄로 덫을 놓아 토끼도 잡았다.

최초의 재장전 가능 무기인 활과 화살도 밧줄의 연장선상에서 만들어졌다.

티웅~ 티웅

저 소리 때문에 미쳐요 미쳐!

밧줄로 낚싯줄도 만들어 해산물을 거뜬히 조달했다.

이거 모야?

깨무는 거야.

새로운 사냥 기법과 낚시 기법을 터득하니 갑자기 먹을 것이 많아졌다!

우린 참 바보처럼 살았군요!

결국 세계 여러 지역에서 사람들은 유랑 생활을 접고 한곳에 터를 잡았다.

서아시아 고원의 정착 생활

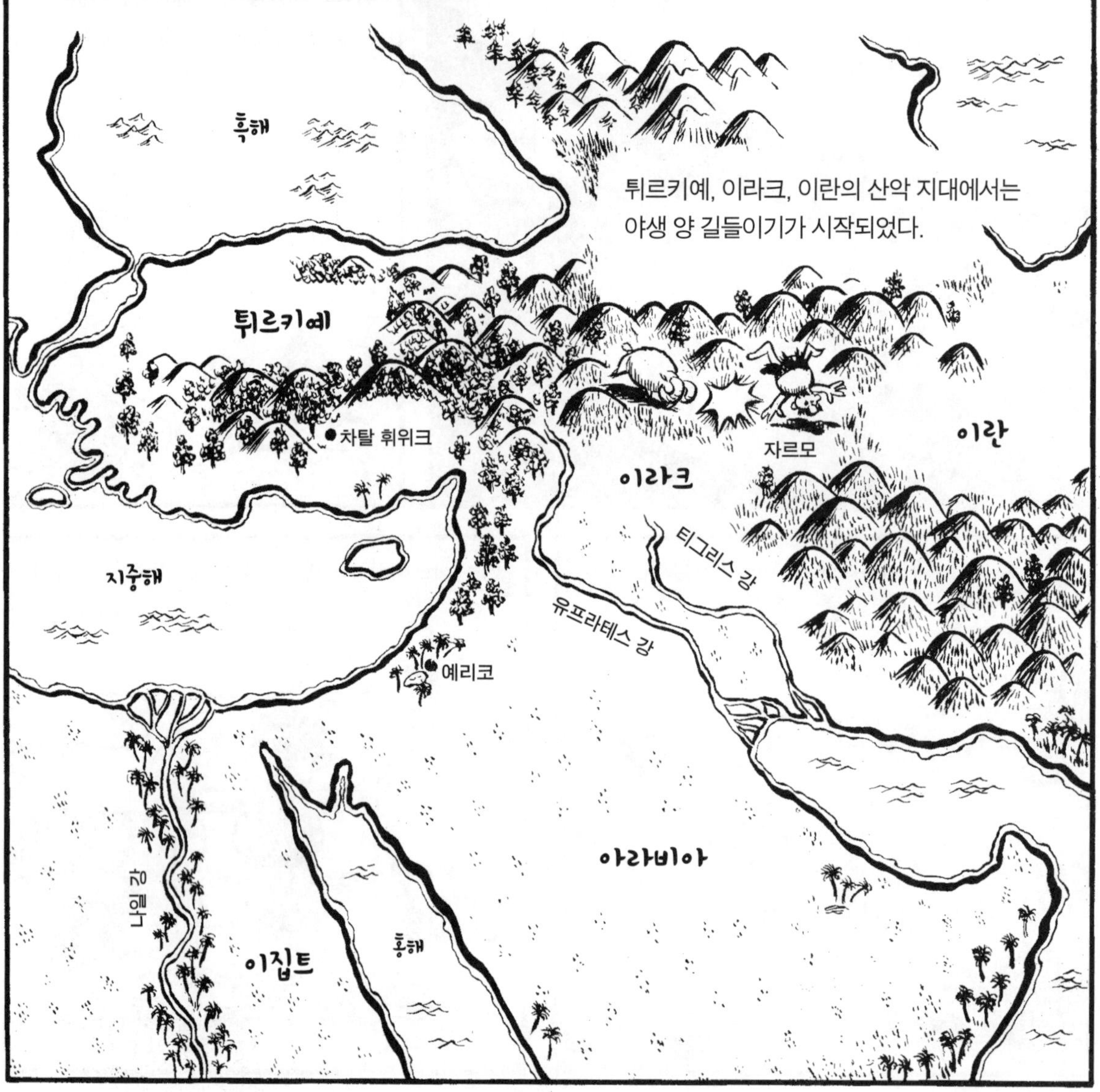

튀르키예, 이라크, 이란의 산악 지대에서는 야생 양 길들이기가 시작되었다.

흑해 / 튀르키예 / 차탈 휘위크 / 지중해 / 자르모 / 이란 / 이라크 / 티그리스 강 / 유프라테스 강 / 예리코 / 나일 강 / 이집트 / 홍해 / 아라비아

사냥꾼들은 성질이 고약한 녀석은 보는 족족 없애고 얌전한 녀석만 살려 양을 순하게 만들어나갔다.

재는 나빠요! 알겠어요?
아유, 착해라! 자, 사탕!

마침내 암양은 사람이 젖을 짤 수 있을 정도로 유순해졌다.

나를 새끼 양이라고 생각하면 돼…
헤헤헤… 말도 참 잘 듣지…

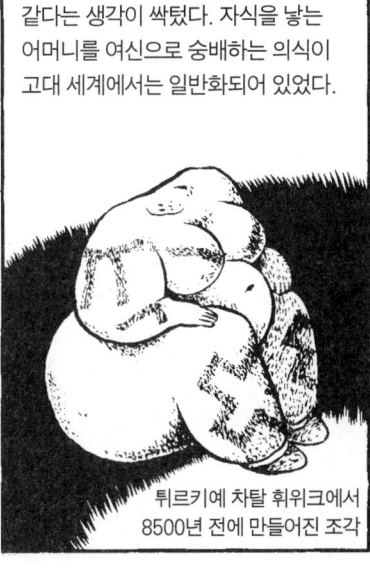

농사를 짓게 되었다고 사냥과 채집을 때려치운 건 아니었지만 농사를 잘 지으려면 그만큼 일손도 많이 필요하다는 사실을 사람들은 깨달았다.

결국 자식을 많이 낳아야 한다는 뜻이었다.

"여봉, 오늘은 일하지 말고 집에서 아이나 만들까?"

"야호, 땡잡았다!"

인구가 늘어나니 자연히 공간도 부족해졌다!

"이제부터 주택건립위원회를 결성하겠소."

"위원장은 내가…"

"이제 기성 세대는 물러가고 젊은 세대가 나서야 합니다!"

"너만 빼고 임마!"

"세대 갈등은 여전했네요!"

자르모, 차탈 휘위크에 마을을 세운 농부들은 건축 자재, 하수 처리 시설, 난방 등 갈수록 필요한 것이 많아졌다.

"사냥은 누가 할까?"

물레를 이용하여 양털로 실을 잣고 옷감을 짠 것도 이 무렵이었다. 곡식을 담는 토기도 빚었다.

"그릇은 제가 좀 빚는답니당, 호호."

그들은 쓰고 남은 물건을 지고 가서 이국적인 물건과 바꾸었다.

"허리가 휘도록 등에 지고 가는 이 방법밖에 없는 것이뇨, 정녕?"

가장 오래된 상업 중심지는 아시아에서 이집트로 가는 길 도중에 있었던
오아시스 도시 예리코일 가능성이 높다. 이미 8000년 전에 이곳을 왕래하던 여행자와 상품은
높은 성벽의 안전한 보호를 받았다. 그 안에는 세계 최초의 호텔도 있었다.
기발한 생각들도 여행자들과 함께 이곳으로 묻어왔을 것이다.

까마득한 옛 사람들은 아직 수학이란 것을 몰랐다. 아는 것이라곤 고작해야 숫자뿐이었는데…

— 하나 더하기 하나는?
— 하나가 뭔데?

처음 나온 수학 문제는 뺄셈이었다. 먹이를 어떻게 공평하게 나눌 것이냐? 하지만 그것은 먹을 것을 가운데에 모아놓고 닥치는 대로 쓸어가는 무식한 방법으로 해결되었을 가능성이 높다.

— 그러니까, 생쥐 두 마리랑 사과 여러 알을 나눠 가지려면…? 피 튀기게 싸우는 수밖에!

장사로 재산을 모은 사람들은 덧셈에 골몰하기 시작했다.

— 열셋… 호호… 열넷…
— 우리 주인 지금 보석 수 세는 거야?
— 아니, 이번 달 니 저녁밥 뺏어 먹은 숫자 더하는 거야?

농사는 신석기 시대부터 짓기 시작했다. 토기, 직조, 목공 기술이 발전했지만 아직도 연장은 전부 돌로 만들었다.(막대기도 예외는 아니었다.)

이것을 신석기 혁명이라고 한다. 사람들은 이제 먹기 위해서가 아니라 다른 물건이나 서비스와 맞바꾸기 위해 식량을 생산했다. 그것은 혁명적인 변화를 가져왔다.

부싯돌로 만든 돌낫

옹기장이 같은 기술자는 농사를 안 짓고 그릇만 빚어도 먹고 살 수 있었다.

이거밖에 할 줄 아는 게 없답니다…

상인은 집을 떠나 장사만 했다.

고향땅이 여기서 얼마나 되나 푸른 하늘 끝닿은 저기가 거긴가 쿵자라작작 삐약삐약

전업 점쟁이 내지는 인생 상담가도 나타났다.

희생양! 희생양이 필요하다!

금속을 녹이는 법도 석기 시대의 옹기장이가 발견했을 것이다.

광 내는 흙을 굽다 보니까 아 글쎄 이런 구리 덩어리가 엉겨붙지 않습니까!

허걱

아시아인은 땅 밖으로 노출된 구리 덩어리를 이미 알고 있었지만 녹색 바위에 더 많은 구리가 숨어 있는 줄은 까맣게 몰랐다!

옹기장이의 발견 덕분에 엄청난 금속을 만들어낼 수 있는 길이 트였다.

신석기 시대의 남과 여

정착 생활은 좋은 점도 있었지만 가정과 사회의 유구한 전통을 망가뜨렸다. 무슨 전통이냐구?

아시아에서 신석기 혁명이 일어났을 무렵 부족은 씨족이라는 자치 단위로 분화되었고 씨족들은 혼인을 통해 상호 관계를 맺었던 것으로 추정된다.

사냥, 낚시, 싸움은 예나 지금이나 남자들 몫이었다.
다 같이 돌자, 동네 한 바퀴, 아침 일찍 일어나 동네 한 바퀴! 바둑이도 같이 돌자, 동네 한 바퀴!

남자는 여자 앞에서 끽 소리도 못했다. 크고 작은 일을 모두 여자가 결정했다.
또 한 번 빈손으로 돌아오면 그땐 추방이야, 추방! 우리 밑에서 일하고 싶다는 오빠들이 줄을 섰어요, 줄을!

씨족을 판가름하는 기준은 여자였다. 즉 아이는 아버지 씨족이 아니라 어머니 씨족에 속했다.

자식하고 씨족이 다른 아비는 신세가 처량했다.

물론 누나의 자식들하고는 같은 씨족이었지만, 조카는 자식이 아니거든.

자기 자식인지 아닌지도 사내는 아마 몰랐을 것이다. 아이는 부인이 낳았으니까. 자기도 출산에 기여한다는 사실을 까맣게 몰랐을 거다. 왜? 원시인이니까!
쉿!
왜 그래, 여보?

하지만 양을 기르고 사유 재산이 생기면서 결정적 변화가 생겼으니…

수천년 동안 고지대 사람들은 마을 주위에 아무런 방벽을 쌓지 않고 살았다. 그들은 전쟁을 모르고 살았다.

하지만 부와 권력을 노리는 야심가들이 등장하면서 사정은 달라졌다.

양부터 챙기자!

승자는 패자를 노예로 삼고 부인과 재산을 빼앗았다.

농사는 누가 짓느냐고 아까 물었던가?

부자는 신전을 만들어 여신이 아니라 남신에게 바쳤고, 심지어 자기한테도 바쳤다

우리가 남이가!

아니가?

산악 지대가 전쟁에 휘말리자 많은 부족이 평지로 내려와 유프라테스 강과 티그리스 강 사이의 비옥한 들판에 터전을 잡았다. 수메르라고 불리는 땅이었다.

그들은 습지의 물을 빼고 사막에 물을 댔다. 수메르는 번창했다.

기원전 3300년 수메르에서 문명이 시작되었다.
수메르인은 키슈, 라가슈, 에리두, 우루크 같은 도시를 지었다.
그들은 거미줄 같은 수로망으로 연결된 비옥한 들판에서 생산되는 곡식을 먹고 살았다.
수메르 상인은 인도, 이집트와 무역을 했다.

당시 서아시아의 농민과 상인은 작은 점토 조각으로 물건을 얼마나 팔고 사고 비축했는지를 기록했다.

계약이 타결되면 두 수메르 상인은 속이 빈 점토 공 안에 계약 내용에 해당하는 점토 조각들을 넣고 봉한 다음 개인 서명 자국을 찍었다. 이것이 최초의 계약이었다.

계약 내용을 확인하려면 계약을 '박살낼' 수밖에 없었다.

봐! 나귀가 열두 마리잖아! 빨랑 내!

미안하지만 내 서명이 안 보이네…

이런 문제를 피하기 위해 상인들은 공 표면에 점토 조각의 모양을 긁어넣기 시작했다.

그러다가 똑똑한 회계사가 출현하여 이런 조각들을 무용지물로 만들어버렸다!!

점토판에다 그냥 쓰면 되잖아여!

회계사는 자기가 아는 모든 단어를 상징하는 그림을 각각 만들어서 수메르 전역에 보급했다.

봐요… = 바둑이, = 언덕, = 양, = 양탄자, 기타 등등…

나 같으면 그냥 외우고 말겠다.

그 후로 사람들은 말하듯이 이야기를 줄줄 읽게 되었다.

네놈이 또다시 나를 속였겠다. 나쁜 자식 같으니라고. 다시는 너 같은 놈하고 거래 안 해… 씩씩…

다음은, 문명의 탄생에 대하여

INTRODUCTION

3
깊은 강, 문명을 낳다

지금으로부터 7000년 전, 석기 시대의 농부들은 이집트와 아시아 고지대에서 열심히 마을을 건설하고 있었지만, 티그리스 강과 유프라테스 강 사이의 남부 평야에는 아무도 살지 않았다.

| 석기 시대를 살아가는 데 꼭 필요한 돌은 없고 온통 진흙뿐이었으니 이곳에 터를 잡았을 리 만무하다. "진흙이 밥먹여주냐." | 따가운 뙤약볕에 이어 거센 모래 바람이 불기 일쑤였다. | 그런가 하면 폭우가 쏟아져서 홍수가 났다. |

한번 범람하고 난 다음에는 강이 엉뚱한 방향으로 흐르기도 했다.

악취가 진동하는 늪지대도 사방에 널려 있었다.

사나운 야생 당나귀도 골칫거리였다.

한마디로 사람이 살기에 적당하지 않은 땅이었다! 하지만 기원전 4500년을 전후하여 유프라테스 강과 바다가 만나는 곳에 사람들이 모여들기 시작했다. 그들은 이곳을 수메르라고 불렀다.

진흙은 쓸모가 많았다.
구우면 딱딱해지니까
그릇 말고도 낫, 도끼, 망치,
심지어는 못까지도
진흙으로 만들었다.
짚을 섞어서 햇볕에서
말리면 훌륭한
벽돌이 탄생했다.

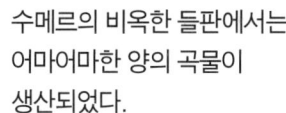

수메르의 비옥한 들판에서는 어마어마한 양의 곡물이 생산되었다.

에리두는 곡물을 수출하기 시작했다. 그 대신 목재, 석재, 금속, 수메르에서 안 나는 먹거리를 수입했다. 수메르가 번성하면서 촌락도 늘어났다. 우루크, 키슈, 우르, 라가슈가 속속 들어섰다. 촌락은 신전이 다스렸다.

풍요한 수메르는 이방인들의 관심을 끌었다.

여기다 집 사놓으면 돈 좀 벌겠어!

여기서부터는 기록이 불분명하지만, 기원전 3300년을 전후해 외국인이 수메르로 물밀듯이 몰려들었다. 그들이 일꾼이었는지 농사꾼이었는지 장사치였는지 정복자였는지는 모르지만, 아무튼 이때 새로운 문물도 묻어 들어왔다.

촌락은 도시로 규모가 커졌고 경제 활동의 중심이었던 신전은 이주 노동자를 고용하여 바벨탑이 무색할 만큼 초고층 기념물로 지었다.

바벨탑을 짓기 전만 하더라도 아무하고나 말이 통했다는 거 알아요?

저 한국어 못하는데요.

수메르의 도시들

수메르를 다스리던 제관들은 각종 기록을 관리하기 위해 문자를 발명할 수밖에 없었다. 그들은 서기를 양성하는 학교를 세계에서 처음으로 세웠다. 쐐기처럼 생긴 수메르 설형문자※는 점토판에 긁어서 썼는데, 수천 개의 문자가 지금까지 남아 수메르의 생활상을 전하고 있다.

아가데 · 바빌론 · 키시 · 라라크 · 니푸르 · 움마 · 라가시 · 우루크 · 우르 · 에리두 · 페르시아 만

> 오늘부터 진흙의 새로운 용도를 공부하겠어요, 학생들!

※ 처음에는 그림문자이던 것이 나중에 쐐기문자가 되었는데, 그 사이에 그림문자를 옆으로 눕힌 중간의 단계가 있었다. 이유인즉, 수메르인은 원래 축축한 점토판 오른쪽 상단부터 세로로 글씨를 써 나

	1단계	2단계	3단계
물			
가다			
마시다			

갔는데, 그래서 이미 쓴 글씨가 짓뭉개지는 경우가 있었고 서기들은 이런 문제를 피하기 위해서 팔을 직각으로 돌려서 글씨를 쓰다가 나중에는 아예 글씨까지 90도 눕혀지게 되었다나 뭐라나!

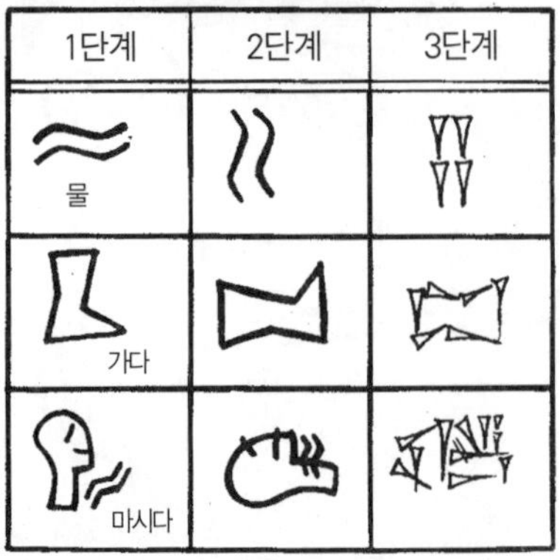

글쓰기의 혁명이라네!

114

신전에 고용된 사람은 서기 말고도 벽돌공, 목수, 푸주한, 금속세공사, 어부, 제빵공, 양조공, 도공, 농사꾼, 양치기, 소몰이꾼, 돼지몰이꾼, 실을 잣는 방적공, 옷감을 짜는 제직공, 보석상, 미용사, 심지어는 창녀까지 있었다. 그들은 걸핏하면 노력 동원에 나서야 했다.

신전의 우두머리는 엔이라는 제사장이었다. 제사장은 선거로 뽑았다. 아직은 '영웅의 시대'가 아니었으니까.

괴물은 아마 다른 부족들이었을 것이다. 왕은 목재, 금, 노예를 얻기 위해 약탈 전쟁을 벌였다. 시인들은 길가메시의 무용담을 노래로 불렀고 길가메시는 수메르의 영웅시대가 낳은 가장 유명한 영웅이 되었다.
(기원전 2700년경)

많은 농경 민족과 마찬가지로 수메르인은 다산과 번식을 중요시했다. 해마다 봄이 오면 인난나 여신을 모시는 여제관이 신전 꼭대기의 높은 침대 위에서 왕과 '거룩한 혼례'를 치렀고, 그 밑에선 남녀가 엉겨 붙었다.

아기가 농한기인 겨울에 몰려서 태어나니 기르기에도 좋았다.

사방이 진흙으로 덮인 땅이었던만큼 깨끗한 물을 놓고 치열한 쟁탈전이 벌어질 수밖에 없었는데…

기원전 2500년경 키시 왕이 움마와 라가시 사이에 국경선을 그으면서 물은 라가시 차지가 되었다. 움마 사람들은 당연히 열 받았다!

키시 왕이 떠나자 움마는 경계비를 무너뜨리고 라가시 영토의 일부를 점령했다.

처음에는 건드리는 사람이 없더니 60년 뒤 라가시 왕 에안나툼이 군대를 보냈다.

라가시 군은 움마 군을 몰아내는 데 성공했다.

에안나툼은 쫓겨난 땅을 다시 쓰게 해준다는 조건으로 움마한테서 돈을 받았다. 움마 왕은 또다시 열 받았다!!

한 세대도 못 가서 움마는 반격에 나섰다.

그러나 라가시 군의 기세에 밀려 후퇴를 거듭했다.

라가시와 움마가 서로 싸우다가 지친 틈을 타서 자발람 왕 일이 군사를 일으켜 라가시와 움마를 모두 정복했다.

일과 라가시 왕은 점을 쳐서 앞날을 예견한 뒤 다음 사항에 합의했다. 앞으로 움마는 돈을 내지 않고 물을 마음대로 써도 좋다는 내용이었다. 결과적으로 움마만 땡 잡은 셈이었다고나 할까.

피 맛도 모르는 놈들이 얼어죽을 물 타령은!

메소포타미아인은 세상을 이해하기 위해 별 희한한 수를 다 썼다. 양의 간이 어떤 모양, 어떤 색인지로 미래를 점치는 방법도 있었다.

바빌론에서 출토된 '간점' 토기

날씨를 헤아리거나 왕이 언제쯤 속옷을 갈아입어야 하는지 등을 알아내기 위해 수메르인은 점성술도 발전시켰다.

벌써 사십구일째 옷을 못 갈아 입었어! 좀 살려줘!

전하, 아직은 아니 되옵니다. 별들에게 물어보소서.

별점은 요즘 성행하지만 간점은 없어졌다. 만약 거꾸로였다면…

오늘의 간세는 어때, 자기야?

간세 밑다 피 본다.

라가시 백성은 왕을 몰아내고 우루카기나를 새 왕으로 앉혔다.
인류 역사상 처음으로 조세 개혁을 단행한 왕이었다.

우루카기나는 세금을 내리고 징세원을 파면했다. 신전을 돌려주고, 과부, 고아, 빈민을 탐욕한 부자들로부터 보호하는 법을 많이 통과시켰다. 그러나 세금 인하는 새로운 문제를 일으켰다.

정부 살림이 거덜났어요!

움마는 다시 라가시를 공격했고, 우루카기나는 너무 가난해서 맥없이 무너졌다. 개혁가는 집권 8년 만에 이런 저주를 내뱉으며 물러갔다.

그의 저주는 당장은 먹혀들지 않았다. '큰사람' 즉 움마 왕 작게시는 25년 동안 수메르 전토를 다스렸다.

움마 왕인지 작게시인지 하는 놈이 지은 죄 뒷감당하다가 그놈이 좋아한다는 니다바 여신이나 폭삭 늙어버려라!

수메르 초기에는 여자가 돈이 많으면 남편을 둘 이상 얻기도 했다. 이런 사실은 기원전 2400년경 개혁왕 우루카기나가 이런 관행을 엄격히 금지하는 포고령을 내린 것으로 미뤄 짐작할 수 있다. 남성이 부와 권세를 서서히 독점하면서 여성의 지위는 추락했고, 급기야 이런 말까지 나왔다. "남편의 말에 거역하는 계집은 벽돌로 이빨을 뽀개버릴거야!"

남편을 둘씩 둔 계집은 벽돌로 이빨을 뽀개버린다!

헹! 이젠 이빨 다 뽑혔으니 무서울 거 없네!

기다려, 의치 박아줄게.

사르곤의 검

수메르 북부와 서부, 그러니까 키시를 기점으로 티그리스 유프라테스 북부 평야를 초승달 모양으로 감싸면서 바다와 접한 가나안 지방까지 이어진 곳에 셈이라는 종족이 살고 있었다. 지금의 아랍어, 히브리어와 관련이 있는 언어들을 쓰던 여러 민족을 뭉뚱그려서 셈족이라고 불렀다. 일찍부터 셈족은 수메르에 정착하여 수메르인들과 섞여 자유롭게 살았다.

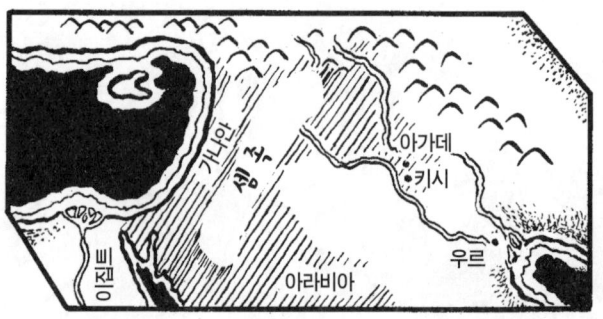

기원전 2370년경 아가데 출신의 사르곤이라는 젊은 셈족 장교가 반란을 일으켜 키시 왕을 몰아냈다.

사르곤은 자신을 지지하는 세력을 거느리고 북으로 진격하여 여러 도시를 점령하여 세력을 불린 뒤 다시 남하하여 수메르를 공격했다. '큰사람' 작게시가 수메르 연합군을 이끌고 항전했지만 사르곤의 정예 부대에게 패하고 말았다. 작게시는 개목걸이에 끌려다니는 신세가 되었고 사르곤은 수메르 전토를 지배했다.

사르곤은 54년 동안 수메르를 다스렸다. 외국인이 수메르를 다스린 것은 7세기 만에 처음 일어난 사건이었다.

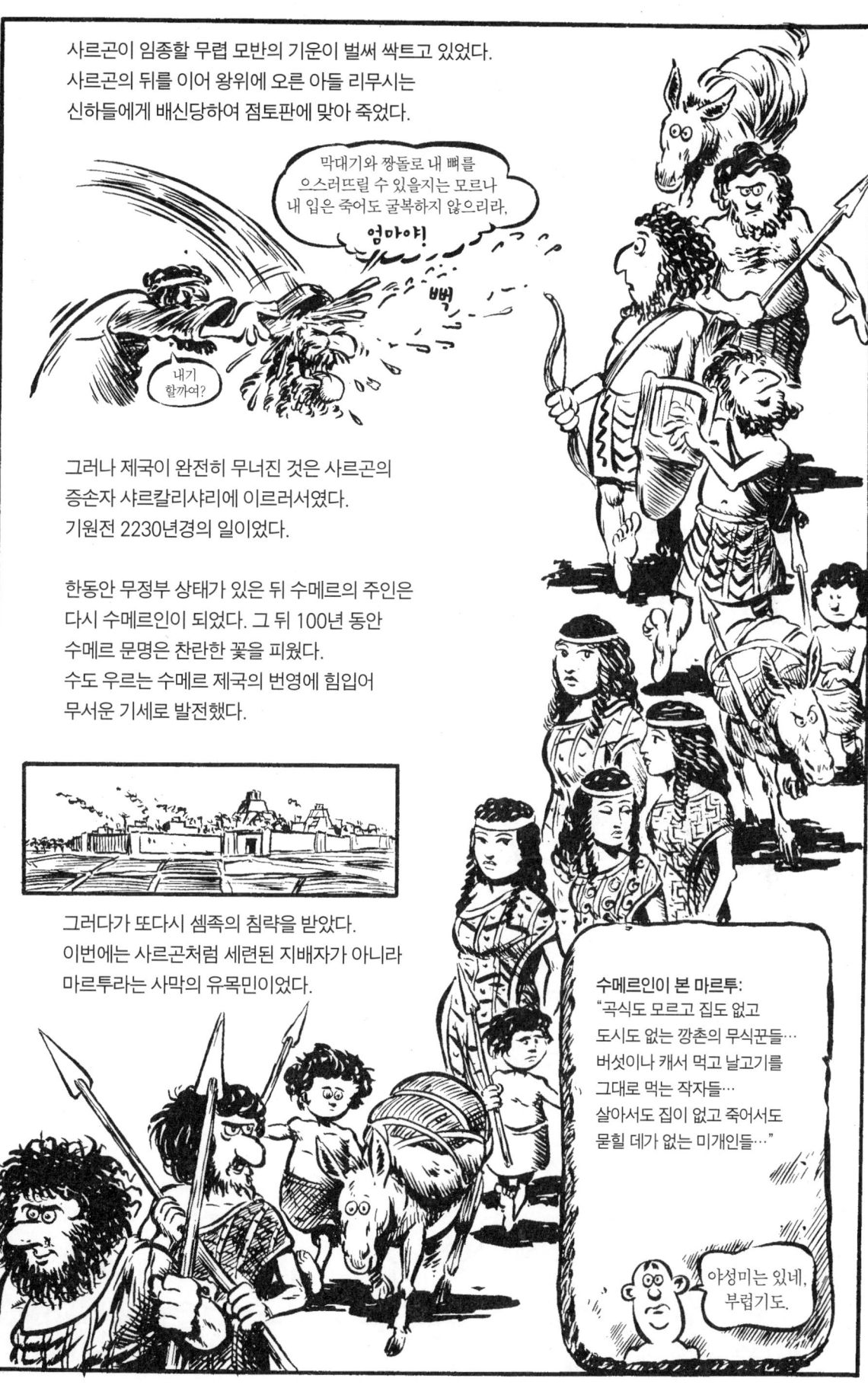

마르투는 북부 요새들을 점령해 수도 우르로 이어지는 도로와 수로를 차단했다. 우르의 곡물 가격은 급등했고 아사자가 속출하기 시작했다.

수도가 쇠락하자 지방에서 반란이 일어났다. 수메르의 적들은 기회를 놓치지 않았다.

조국이 부르네!

불러? 누굴?

자넬.

천 년 동안 수메르와 맞서온 산악 지방의 엘람인이 동쪽에서 치고 내려왔다. 우르 왕은 마르투에게 도움을 요청했지만 거절당했다.

기원전 2000년경 엘람인은 우르를 침공하여 도시 전체를 쑥밭으로 만들었다. 수메르의 영광시대는 끝났다.

수메르 시민의 탄식 :
"오, 아버지 난나이시여, 도시는 잿더미가 되었습니다… 성벽은 무너지고 백성들은 신음합니다. 그들이 거닐던 고래등 같은 문에는 시체가 즐비합니다… 축제가 벌어지던 대로에도 시체가 나뒹굴고 있습니다… 지위 고하를 막론하고 온 우르 시민이 굶어죽었습니다. 피난을 못 가고 남은 어머니와 아버지는 화마에 삼켜졌습니다… 오, 난나이시여, 우르는 파괴되었습니다… 온 백성이 뿔뿔이 흩어졌습니다."

엘람인은 철수했고 살아남은 우르인은 사방으로 흩어졌다. 우르는 마르투 차지가 되었다.

늘상 있는 일이었지만 마르투도 수메르의 수준 높은 문명에 동화되었다.

그들은 수메르 문명을 고스란히 받아들여 자기들이 쓰던 아카드어로 번역했다. 수메르어는 사어가 되었지만 제관들이 쓰는 '고전어'로서는 명맥을 유지했다.

마르투는 자기들끼리 싸움을 벌이는 수메르의 관습도 받아들였다.

 불길한 징조가 보일 때 메소포타미아 왕들이 액운을 피하기 위해 즐겨 써먹던 방법은 평민을 대리 왕으로 앉혀서 덤터기 씌우는 거였다.

100일 안에 예상했던 재앙이 안 닥치면 대리 왕은 죽어야 했다.

기원전 1900년, 이라임미티 왕이 정원사 엔릴바니를 왕으로 앉혔을 때 정원사는 왕을 독살하고 권좌에서 물러나기를 거부했다.

엔릴바니는 20년 동안 왕 노릇을 했다.

어수선한 세상은 새로운 제국을 건설한 바빌론의 위대한 장군이며 정치가 함무라비에 의해 기원전 1790년께 평정되었다.

함무라비는 법전으로 유명했으니 바빌론에는 법으로* 먹고사는 사람도 많았을 것이다.

제발 수임료 좀 주세요… 변호사도 먹고 살아야 하지 않겠소…

함무라비는 기발한 생각을 해냈다. 자기가 섬기는 마르두크 신을 만신의 왕으로 떠받든 것이다. 찬란한 '고대' 신화도 지어냈다!

마르두크는 천지를 창조하였노라! (여기 적혀 있잖아요.)

글줄 쓴다는 놈들 좀 동원했지, 히.

함무라비는 바빌론을 이집트와 인도를 통틀어 가장 큰 도시로 만들었다. 바빌론은 예술, 과학, 상업의 중심지로 천 년 동안 번영을 구가했다. 유프라테스와 티그리스 사이를 이때부터 바빌로니아라고 불렀다.

바빌로니아에선 결혼하면 신랑이 신부 얼굴을 천으로 덮었다. 다른 남자더러 흑심 품지 말라는 뜻이었다.

흑심 얼마든지 품어도 되는데, 쩝.

남편은 그게 다 여자를 위한 것이라고, 여자만의 특권이라고 우겼다.

남자는 다 도둑놈이잖아… 자기 얼굴 보면 그놈들 돌아버려 일 다 때려치워요… 그럼 우리 경제는 마비되고 우리 쪼들리고… 그러니 얼굴 가려서 국가 경제에 이바지하고… 좀 좋아?

애국 많이 하쇼.

바빌로니아 법에 따르면 노예나 첩은 천으로 얼굴을 가릴 수 없었다. 흑심을 품어도 된다는 뜻이었다!

그러니까 요는… 천으로 얼굴을 가리면 부부 금슬 좋아지고… 나는 콧구멍에 벌레가 안 들어가 좋고, 누이 좋고 매부 좋고, 그 말이죠? 맞죠?

물자가 풍부했던만큼 이집트인은 수메르인보다 한결 여유 있게 살았다.

수메르인은 아직도 양가죽을 입고 다녔지만 이집트인은 식물의 섬유로 옷을 만들어 입었다.

기원전 2700년경 세데트 공주가 쭉 빼입은 모습.

글도 점토판이 아니라 파피루스 갈대의 줄기로 만든 부드러운 종이 위에 썼다.

꿉냐?

이집트 미술은 세계 최고 수준이었다. 글씨는 가히 예술이었다!

요즘도 이집트제 화장품, 머리 염색약, 가발, 장신구는 유명하다.

이집트인이 일찍부터 죽음을 의식한 건 삶이 너무나 달콤해서가 아니었을까…

휴…

이집트 미용술에서도 모발 관리는 커다란 비중을 차지한다. 무스, 염색약은 기본이었다. 돌팔이 미용사를 만나면 머리털을 홀라당 벗겨먹는 수가 있었다.

난 배운 대로 할 뿐.

철벅

기름에 삶은 지렁이

이런 불행한 사태를 미연에 방지하기 위해서는 하마 기름을 '틈나는 대로' 머리에 바를 필요가 있었다.

사모님, 힘내세요! 하네요!

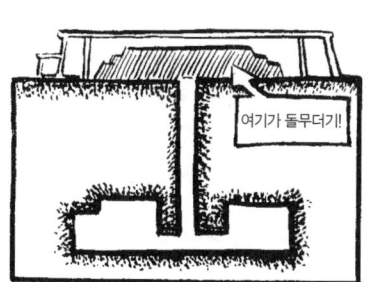

쿠푸가 바란 대로 그의 이름과 무덤은 무사히 살아남았다. 그리스에서는 그를 케옵스라고 불렀고, 고대 이집트 사람들은 자기들을 죽도록 고생시킨 악질 왕을 머리에서 지워버리기 위해 별 볼일 없는 양치기의 이름을 따서 그의 무덤을 필리티스의 피라미드라고 불렀다.

조세르부터 시작되는 전능한 파라오의 통치 시대를 고왕국이라고 한다. 이집트인은 끝없이 되풀이되는 단조로운 삶을 살았다.

한편 지방 태수들은 백성의 노동력을 동원하는 과정에서 파라오와 점점 갈등이 커졌다.
(이집트에서는 '세금'을 뜻하는 단어에 '노동력'이라는 뜻도 있었다.)
기원전 2200년경 혁명이 일어나 왕이 쫓겨나고 제1중간기가 시작되었다.

중앙정부의 공백 상태가 150년 동안 지속되다가 테베의 멘투호테프가 이집트를 다시 통일했다. 그 과정에서 그는 다른 봉건 영주들과 영토와 권력을 분점할 수밖에 없었다. 이때부터 중왕국이 시작되는데, 중왕국은 봉건제와 비슷하게 운영되었다. 다시 300년 동안 이집트인은 똑같은 리듬을 되풀이하면서 살았다. 그러던 어느 날…

힉소스 기마대

중왕국 말기 봉건 영주들이 아웅다웅하고 있을 때 기마병을 앞세운 희한한 무리가 하이집트를 침략했다.

머리는 붉은데 피부는 하얗고 무지무지 포악한 놈들이래!

인사는 받겠지?

말을 잘 다루는 이 붉은 머리 족속은 원래 코카서스 산맥 너머에 살고 있었다. 기원전 2000년경 그들은 선진 문명을 찾아 남하하기 시작했다.

200년 동안 힉소스의 지배를 받으면서 이집트인은 값진 교훈을 얻었다.

말이 무기라는 것!

기마대를 양성한 테베 영주 아모세는 힉소스를 공격했다. 지리한 공방전 끝에 아모세의 군대는 외세를 가나안 밖으로 몰아내는 데 성공했다.

이집트로 돌아온 아모세는 숙적을 하나둘 제거했다.

반유대주의 조짐은 이때 벌써 나타났다. 이집트에 거주하던 이스라엘 부족들은 힉소스와 한통속이라는 이유로 하루아침에 노예가 되었다.

아모세와 후계자 아멘호테프 1세는 테베를 키우고 국가 종교를 세웠으며 국내외에서 파라오의 권력 기반을 유지하기 위해 상비군을 운영했다.

힉소스에 대응하는 과정에서 이집트는 제국을 건설했다.

제국답게 남존여비 사상을 뿌리 뽑는다나.

누군 좋겠다.

별고 없으십니까, 제 사모님.

넘 심심해요, 제 서방님.

파라오의 제국

다음 파라오 투트모세 1세는 선대의 제국 전통을 이어나갔다.

싸움터를 누비고 다니면서 그는 부지런히 씨를 퍼뜨려 땅딸보에 주먹코를 그대로 빼다 박은 수많은 아이들의 아비가 되었다.

너네 아빠 성이 뭐냐?

하지만 왕의 본처는 딸만 주르르 낳았다. 이집트 관습에 따라 그중 누군가가 다음 파라오한테 시집을 가야 했다.

니 코가 좀더 크니 너가 가라.
고마워, 언니!

투트모세가 죽자 하트셉수트 공주는 배다른 오빠와 결혼을 했다. 이 자가 투트모세 2세였다. 새 왕은 약골이었다.

어~어~

투트모세 2세는 얼마 못 가서 죽었다.

쿵

엄마처럼 하트셉수트도 딸만 낳았으므로 이번에도 후계자는 첩의 아들이었다. 이름은 똑같이 투트모세였지만 아기였다.

코만 크네요

결국 하트셉수트가 왕 노릇을 하는 수밖에 없었다. 남장은 해도 말투까지 흉내 내지는 못했다.

나 이뻐?
보기 민망하옵니다!

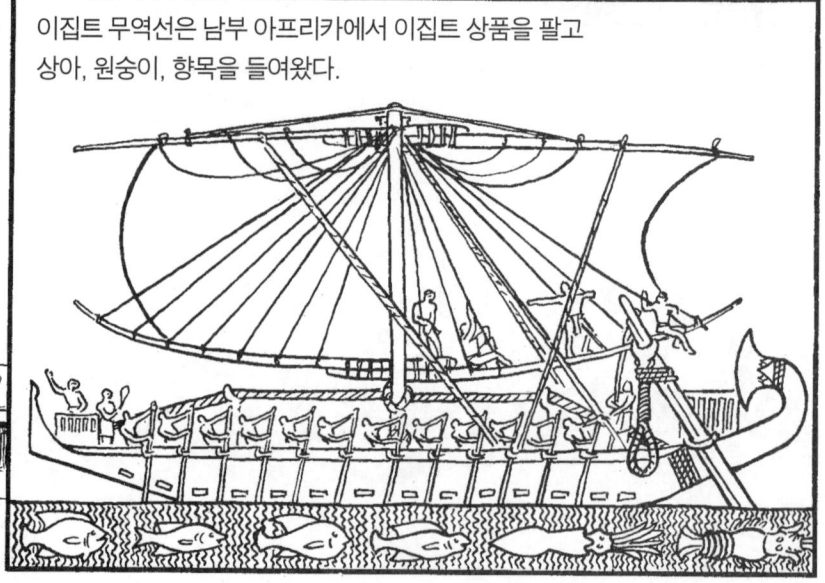

전쟁으로 날을 지새던 시절에 이집트는 하트셉수트 '왕' 아래 20년 동안 태평성대를 누렸다. 하트셉수트는 교역에 힘쓰는 한편 힉소스가 파괴한 기념물을 재건했다.

이집트 무역선은 남부 아프리카에서 이집트 상품을 팔고 상아, 원숭이, 향목을 들여왔다.

새로 지으면 비싸잖수. 내가 살림꾼이거든.

이집트의 대외 무역 활동은 이집트에서 가장 우아한 하트셉수트 신전에 돌로 새겨져 있다. (물론 그림으로!)

어린 조카는 사제 수업을 받게 했다.

머리를 박박 밀어서 내 눈앞에 얼쩡거리지 않게 하도록!

여부가 있겠습니까요!

투트모세가 장성했는데도 하트셉수트는 '왕위'를 물려줄 낌새가 아니었다.

여왕이 마침내 눈을 감자 악에 받친 조카는 각종 기념물에서 하트셉수트의 이름을 도려내고 여왕의 오벨리스크에 회칠을 했다.

그러고는 전차를 집어 타고 싸움터로 달려갔다.

까호~!!!

참을 만큼 참았다구!

누가 그 할아버지에 그 손자 아니랄까봐 30년 동안 전쟁터에서 살았다.
특히 카데시(가나안에 있던 도시) 왕과는 불구대천의 원수였다.

이랴 이랴

투트모세 3세는 싸움에 진 왕들에게 하트셉수트와는 달리 자비를 베풀었다. 자식들을 죽이지 않고 이집트 식으로 가르쳤다.

아부지! 누나하고 결혼할래잉!

조기유학 이래서 안 됩니다.

대부분의 역사가들은 답답하고 점잖은 왕보다는 괄괄하고 싸움을 좋아하는 왕을 좋아해 이 어린 망나니를 '투트모세 대제'라고 부르지만, 아주 고약하기 짝이 없는 왕이었다!

새로운 무기가 발명되면 군인들은 새로운 방어술 개발에 골몰했다. 기원전 1500년경 최첨단 무기는 전차였지만, 아무도 이것을 막지 못했다.

헉헉, 바람처럼 날아오네!!

날자, 날자, 날아보자꾸나~

잔머리 굴리는 데는 선수였던 카데시 왕은 발정한 암말을 앞세워 파라오의 기마대를 혼선에 빠뜨렸다.

비겁하게 미인계를 쓰다니!

좀 부러운 생각도 드네...

기원전 1500년경 종횡무진 이집트

기원전 1500년경은 이집트 제국의 전성기였다. 이집트는 활발한 교역 활동을 통해 여러 문명들과 혹은 북쪽과 서쪽의 낙후된 지역들과 부단히 접촉했다.

힉소스와는 먼 친척뻘이었던 아카이오스인은 그리스에 정착한 이후 뛰어난 항해술로 무역과 해적질을 통해 문명을 건설했다!

해상 문명이 벌써 1000년 넘게 꽃피고 있던 크레타는 허술한 수비망과 가슴을 드러낸 옷으로 유명했다.

문명과는 담을 쌓은 별 볼일 없는 사람들도 많았다.

기원전 1500년경 지중해의 금속 기술자들은 주석과 구리를 섞으면 청동이라는 단단한 금속이 생긴다는 걸 알았다. 지중해 사람들은 멀리 영국, 스칸디나비아까지 청동을 가져가 노예나 보석(호박)과 맞바꾸었다.

그들은 또 열심히 주석을 구하러 다녔다. 일단 주석 묻힌 곳이 발견되면 그걸 헐값에 손에 넣기 위해 보나마나 꼼수를 부렸을 것이다.

"이런 단검이랑 도끼는 우리밖에 못 만들어. 동네 사람 몇 명만 우리 주면 이거 공짜로 주지롱."

"진짜?"

"그리고 덤으루다가 구슬 목걸이까지 줄 테니까 저 쓸모없는 야산은 우리한테 주든지 말든지!"

"진짜?"

투탄? 석탄?

세 명의 왕을 더 거치는 동안 제국은 탈 없이 굴러갔다. 이집트의 파라오들은 외국 종교를 존중하고 외국 공주와 결혼하는 방법으로 선린 관계를 유지했다.

해괴망측한 발언이었다! 이집트에만도 헤아릴 수 없이 많은 신이 있다는 건 삼척동자도 아는 사실인데!

원래 아모세 1세가 제국을 건설하면서 테베의 신이었던 아몬을 모시는 신전에 이집트의 모든 신을 모아놓았다. 왕의 재정 지원을 받으면서 아몬 신전들은 부를 축적했고, 사제들은 내세를 보장하는 부적을 파는 등 돈벌이에 혈안이 되었다.

심지어는 아몬 신상을 만든 다음 이상한 장치를 써서 움직이고 말을 하게 만들었다. 아멘호테프 4세는 그런 꼼수에 질리지 않았나 싶다.

앞으로는 둥근 해가 유일무이한 신이라고 선언하면서 아멘호테프는 이 태양신을 아톤이라고 불렀고 자기 이름도 아켄아톤으로 고쳤다. '아톤의 똘마니'란 뜻이었다.

이 유명한 소년왕은 늙은 경호원의 똘마니가 되어 아몬을 부활시켰다.

소년왕은 자기 이름을 투트안크아톤에서 투트안크아몬으로 바꾸었지만 스무 살도 못 되어 요절하고 말았다.

그런데 남부끄러운 일이 벌어졌다. 과부가 된 왕비 안크에센아몬이 몰래 히타이트 왕 수필룰리우마스에게 편지를 보내 당신 아들과 결혼하겠다는 제안을 한 것이다. 히타이트가 파라오로 등극하게 된 것이다. 이것은 왕비의 부모, 그러니까 네페르티티 아니면 아켄아톤이 히타이트인이었을 가능성을 시사한다. 그렇다면 아톤 숭배는 두 제국의 신을 통합하는 수단이 아니었을까???

수필룰리우마스가 보낸 아들은 아몬을 숭배하는 첩자들의 손에 죽고 아이라는 인물이 왕비와 왕위를 차지한다.

수필룰리우마스는 아들의 원수를 갚기 위해 가나안으로 진격하여 이집트의 노른자 땅을 빼앗았다.

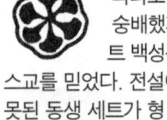

파라오는 태양을 숭배했지만 이집트 백성은 오시리스교를 믿었다. 전설에 따르면 못된 동생 세트가 형 오시리스를 살해하자 그의 누이이자 아내 이시스는 조각난 사체를 수습하지만 물고기가 먹은 생식기만은 끝내 못 찾는다. 그래도 오시리스는 생명을 되찾고 그 아들 호루스는 아버지의 원수를 갚는다.

오시리스 연극은 해마다 공연되었다.

오시리스는 죽은 사람의 심판자가 되었다. 죽은 사람의 영혼이 순수하면 살아남아 오시리스의 들에서 일하게 되지만, 그렇지 못하면 고약한 악마에게 잡아먹혔다. (죽었는데 또 죽어?) 착하게 살아야 죽어도 복을 받는다는 믿음이 이때 벌써 생겨났다.

히타이트와 람세스

가나안을 차지한 히타이트는 파죽지세로 오론테스 강에 접한 카데시까지 진격했다.

60년 동안 이집트는 히타이트를 몰아내려고 애썼지만 역부족이었다.

그러다가 기원전 1290년 성질 급한 젊은 파라오가 히타이트에게 따끔한 맛을 보여주기로 결심했다. 그는 자기가 위대하다고 부득부득 우겼다.

별 뜻은 없구요, 제가 워낙 위가 좀 커서요.

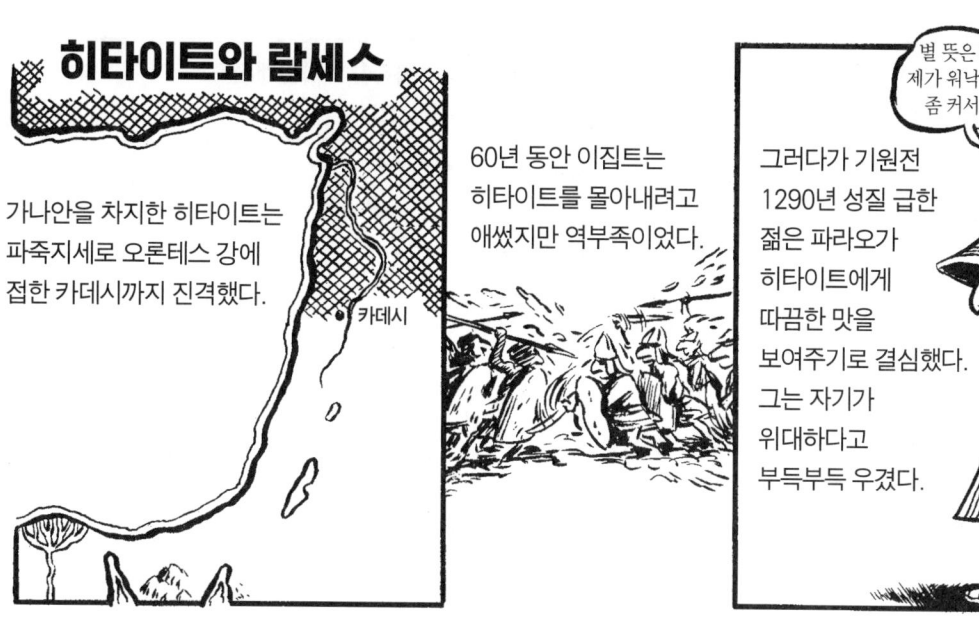

람세스는 해안선을 따라 보급로를 확보하고 상인, 해적, 외국인, 이집트인으로 구성된 군대를 양성했다.

히타이트의 무와탈리스 왕은 이집트 군의 동태를 보고 받고 3000의 기마병과 8000명의 보병을 집결시켰다.

기원전 1288년 4월 이집트 군 4개 사단이 이집트를 출발했다. 1사단은 람세스가 진두지휘하는 아몬 사단이었고, 나머지는 각각 레, 프타, 수테크 사단이었다. 5월 말 람세스는 숲을 헤치고 카데시가 내려다보이는 언덕으로 올라왔지만 적은 개미 새끼 한 마리 보이지 않았다.

2000명의 히타이트 기마병은 행군하던 레 사단을 습격했다.

레 사단을 작살낸 히타이트 군은 아몬 사단의 숙영지를 포위했다. 람세스는 그제야 사태가 심상치 않음을 알아차렸다.

엉엉, 위대해지기가 왜 이리 힘들까!

어디 갔다 이제 오는 거야!

기원전 1200년경 지리멸렬 지중해

기원전 1200년 무렵, 지중해에 먹구름이 드리웠다.
1225년 람세스의 서거를 끝으로 이집트의 파라오들은 국제 무대에서 등을 돌리고 환락에 몰입하더니 300년도 못 가서 외세에 무릎을 꿇었다.(망하는 데 너무 시간이 오래 걸렸나?)

유프라테스 강 너머에서는 상류에 거점을 둔 아시리아 왕국이 미탄니를 공격했다.
치열한 권력 다툼은 변함없이 계속되었다.

이집트와 싸우느라 국력을 소진한 히타이트 제국은 사방에서 군소 부족의 침략에 시달리다가 평화 조약을 체결한 지 50년도 못 가서 멸망했다.

서쪽에서는 그리스가 트로이와 장기전을 벌이고 있었다.
트로이의 피난민들은 지중해 전역으로 흩어졌다.

INTRODUCTION

레바논에서 나는 향나무가 탐이 난 수메르인이 이곳을 침공했고

시나이 반도의 구리와 터키옥을 노리고 이집트인도 쳐들어왔다.

힉소스인도 이곳을 통과해서 정복 전쟁을 벌였다.

히타이트인은 무역로를 확보하기 위해 이곳을 점령했다.

이집트인은 히타이트 세력을 내몬다는 이유로 다시 이곳을 침공했다.

이스라엘, 블레셋, 아시리아, 바빌로니아, 스키티아, 페르시아, 마케도니아, 로마, 아랍, 십자군, 투르크 (너무 기니까 여기서 멈춘다)가 모두 이 땅을 유린했다.

당시나 지금이나 이곳의 지형은 변화무쌍했다. 먼저 해안 지대에는 무역으로 먹고사는 도시 국가들이 있었다. 귀한 자주빛 염료가 이곳 특산물이었다. 가나안이라는 지명도 우가리트어로 자주빛 고을이라는 뜻이다.

군데군데 개천이 흐르는 해안선의 드넓은 벌판에서는 농사를 지었다.

그런가 하면 고지대에선 유목민과 정주민이 공존하고 있었다.

내륙으로 깊숙이 들어가면 언덕은 험준한 절벽으로 바뀌어 깎아지른 계곡 사이로 요르단 강이 흐르고 해수면보다 훨씬 낮은 사해와 예리코의 오아시스가 있었다.

요르단을 지나면서부터는 지대가 서서히 높아져서 아라비아 고원으로 이어졌다.

이민족의 침입을 받지 않은 동안은 가나안의 여러 지역 사람들은 자기들끼리 싸웠다!

"우리가 왜 싸우는 거지?"

"실전에 대비하려구!"

아무튼 우리의 관심은 히브리라는 유목민이니 그 얘기만 하도록 하자. 아주 끔찍한 이야기다.

히브리인의 기원을 끝까지 거슬러 올라가는 것은 불가능하다. 우리가 아는 것은 아브라함이 처 사라, 조카 롯, 하인들과 가축떼를 거느리고 수메르의 우르라는 곳에서 푸른 목초를 찾아 가나안으로 떠났다는 사실이다.

가나안에 도착한 아브라함과 롯은 자식 농사를 잘 지었다. 자세한 내용은 생략하고 아브라함이 이삭을 낳았다는 사실만 밝혀두겠다.

이삭은 야곱을 낳고

야곱은 밤중에 불안에 떨면서 천사와 한판 승부를 벌인 다음 이름을 이스라엘(하느님의 힘을 가진 사람)로 바꾸었다.

야곱은 열두 아들을 낳았다.

그중 요셉이라는 아들은 이집트로 흘러 들어가서 이집트 여인과 결혼을 하고 고위 공직자로 일했다.

가나안에 기근이 닥치자 요셉은 형제들에게 이집트의 고센에 있는 기름진 땅을 내주었다. 그들은 그곳에 정착하여 잘 살았지만 요셉이 죽은 다음 노예 신세가 되었다고 창세기는 전한다.

 소돔이 잿더미로 변했을 때 아내를 잃은 롯은 딸자식들을 데리고 사해 너머의 쓸쓸한 언덕으로 피신했다. 마땅한 남편감을 찾지 못한 딸들은 아버지에게 술을 진탕 먹이고 돌아가면서 유혹했다. 여기서 태어난 두 아들이 모압과 아몬이다. 이들은 각각 모아브라는 부족과 아몬이라는 부족의 선조가 되었다. 부양해줄 자식 없이 나이 먹을까 겁났던 것.

모세의 출생은 모호한 구석이 많지만 몇 가지 분명한 사실이 있다. '모세'는 이집트 이름이라는 것, 왕궁에서 이집트 사람으로 길러졌다는 것, 이집트인의 행동 '규범'을 완벽하게 몸에 익혔으리라는 것. 하지만 절반만 이집트인이었다 가정한다면, 약간 소외감을 느꼈을 법하고 억눌린 분노가 걷잡을 수 없이 폭발할 때도 있었을 법하다.

모세는 시나이 반도의 미디안으로 도망가 그곳의 족장이었던 이드로의 집에서 은신했다.

이드로는 도망자에게 그 고장의 역사, 정치, 종교를 가르치고 뿌리의식을 심어주었을 것이다!

이드로는 딸 십보라까지 모세에게 시집 보냈다.

아기 모세가 나일 강에 버려졌다는 이야기는 다들 알고 있겠지만, 버려진 아기가 나중에 왕이 되는 이야기는 아카드 제국을 건설한 사르곤, 오이디푸스 왕, 페르시아의 키루스, 로마를 건국한 로물루스와 레무스 등에서도 나타난다. 이것은 왕자의 혈통을 지엄한 것으로 포장하기 위한 '관변 전기 작가'의 묘책이라는 것이 학자들 사이의 정설이다.

하지만 원하지 않는 아기를 내버리는 사람들이 있었던 것만은 분명하다. 그러니 단정적으로 말하기는 어렵다.

164

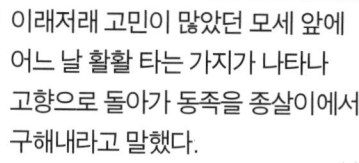

모세는 오랫동안 종적을 감추었다.

그러지 말고 인심 좀 더 쓰시죠. 기분좋게 열 개 채우면 안 될까요?

파 르 이 쿵 쿵

성서학자들은 이스라엘 백성이 이때부터 모세가 받드는 신을 두려워했다고 믿는다.

모세가 돌아왔을 때는 이스라엘 백성은 이미 다른 신을 섬기고 있었다.

아피스여, 저 산적 두목 같은 놈을 처단하소서.

"사람을 죽이지 말지어다." 잠깐, 그게 아니지. 요것들을 당장 요절내야지.

모세는 십계명이 적힌 점토판을 박살내고, 야훼에게 충성하는 사람은 자기 편이 되라고 요구했다. 그리고 송아지를 숭배하던 무리를 없애라고 지시했다.

사람들은 그제야 말귀를 알아들었다!

모세도 할 말은 있었을 것이다. 어떤 희생을 치르는 한이 있더라도 분열은 막아야 한다는 것이 그의 신조였다.

"남보기 창피하잖우."

학살이 끝난 뒤 모세는 다른 계명을 받으러 산으로 올라갔다.

"귀찮게 왜 사람 오라가라는 거야…"

처음 계명은 야훼 아닌 어떤 신도 섬기지 말라는 엄포였다. 금송아지는 설 땅이 없었다. 금송아지에 맞서 모세를 따르는 이들만이 신의 사제가 될 자격이 있었다. 다른 계명들은 살인하지 말라, 훔치지 말라, 간음하지 말라 같은 뻔한 조항이었다.

구약의 「민수기」에는 율법을 어겨 불에 타 죽거나 땅에 파묻힌 사람들이 장황하게 나열되어 있다.

"어디로들 간거야, 진짜?"

이집트에서 탈출하고도 모세는 이집트 사람 특유의 결벽증을 떨치지 못했던 모양이다. 모세는 '불결한' 육류, 새, 해산물을 길게 나열했는데, 정통 유대교에서는 지금도 이것을 절대 안 먹는다!

"부엉이 먹지 말라 그랬지!!"

"하느님, 고맙습니다!"

이스라엘과 이집트는 회담이 잘 안 풀리면 음식 갖고 싸울지도 모른다.

"자꾸 까불면 까마귀 고기 먹일거야!"
"누구 맘대로!"
"부엉이도 못 먹는 것들이!"
"그걸 왜 먹냐?"
"맛있으니까 먹지!"
"야만인!"
"부엉이탕 맛있겠다, 그죠?"

약속의 땅 가나안으로 가기 전에 현지 사정을 알아보려고 정탐대를 보냈다가 실망스러운 소식만 들었다!

"사람들로 바글거리더라니까!"

"그 사람들은 껑다리고 우린 메뚜기더라구요!"

"마차는 전부 쇠더라고요!"

"이쯤 되더라고요!"

"성벽도 무지 높은 거 있죠!"

긴 말이 필요없었다.

"야훼가 있으니까 겁날 거 없어!"

우리 안 갈테야!

모세는 분했지만 무리를 이끌고 광야의 오아시스로 돌아가서 거기 40년 동안 머물렀다. 그새 미리암, 아론 같은 늙은 세대는 죽었다.

모세의 후계자 여호수아는 이웃 부족을 침략하거나 동맹을 맺으면서 세력을 불렸다. 이스라엘은 가공할 군사력을 키웠다.

가나안이 보이는 요르단 강 기슭에서 늙은 지도자는 걸핏하면 하느님을 의심하고 변덕이 죽 끓듯하는 이스라엘 백성에게 마지막 저주를 퍼부었다.

"비뚤어지고 고약한 심보를 가진 젊은 세대는… 굶주림으로 타들어가고 이글거리는 불길에 삼키워지리라… 밖에서는 칼부림으로 안에서는 두려움으로 장정이든 처녀든 젖먹이든 늙은이든 요절을 내리라… 내 화살은 피를 마셔 취하고 내 칼은 고기를 먹어 배부르리라… 쿨룩… 딸꾹… ㅇㅇㅇㅇ…"

이스라엘이 독한 건 모세의 피가 면면히 흐르고 있기 때문일까.

콜록 꾸르륵 꼴깍 쿵

이스라엘 민족은 먼저 만만한 예리코를 쳤다. 이곳을 발굴한 고고학자들의 보고에 의하면 예리코는 이미 성벽이 주저앉고 사람이 안 사는 곳이었다고 한다.

이스라엘의 승리는 기적으로 여겨졌다.

「여호수아기」를 요약하면, 이스라엘 백성은 가나안을 침공하여 가나안 백성에게 칼부림을 하고 가나안 문화를 불태웠다.

이번에는 정반대 방향으로 사람들이 탈출했다. 가나안 사람과 이집트 충성파가 이집트로 도망간 것이다!

이스라엘 민족은 요셉의 미라를 묻고 버려진 땅을 일구었다.

성서와 과학에 모두 미련을 품은 일부 현대인은 구약에 기록된 기적을 화산, 해일, 괴상한 천문학적 사건으로 설명하려고 시도한다.

* 이마뉴엘 벨리코프스키라는 양반의 학설

심판의 날들

이스라엘 사람이 토착민을 다 죽인 건 아니었으므로, 그들은 살아남은 가나안 사람, 예부스 사람, 호리 사람과 섞여 살았다. 당연히 긴장이 감돌았다.

이스라엘 사람은 종노릇에 신물이 났으므로 우상, 예술, 사유 재산, 말과 마차 같은 남의 문물에 대한 거부감이 심했다. 하지만 원칙이 그랬다는 거지 실제로는 그렇게까지 엄격하지는 않았다!

하지만 왕에 대해서는 눈살을 찌푸렸다. 이스라엘은 왕이 다스린 것이 아니라 위기 상황에서 비범한 판단을 내리는 사람이 이끌었다. 판관이었다.

이스라엘이 가나안의 침입을 받았을 때 드보라는 무사였던 바락에게 군대를 소집하라고 다그쳤다.

우유부단한 바락이 머뭇거리자 드보라는 군사를 같이 일으켰다.

자세한 기록은 없지만 폭우가 퍼붓는 바람에 가나안 전차는 진창에 빠져 이스라엘 군에 격퇴당한 것으로 보인다. 적장 시세라는 줄행랑을 쳤다.

유목민의 천막을 지나가는데, 야엘이 시세라를 불러들인다.

따끈한 우유를 대접해 마음을 놓게 했다.

야엘은 천막을 치는 못을 시세라의 머리에 박았다!

이 일화는 구약 「판관기」 드보라의 노래에 시적으로 묘사되었다. 이것은 구약에 나오는 가장 오래된 노래이며 여자가 피해자가 아니라 가해자로 등장하는 드문 예다.

「판관기」에는 다른 판관 이야기도 나온다. 왼손잡이 에훗은 이스라엘을 괴롭힌 모압의 폭군 에글론을 암살했다. 에글론이 너무 뚱뚱해서 칼을 빼내는 데 애를 먹었다는 얘기,

입다라는 판관은 하느님이 승리를 안겨주시면 집에 갔을 때 처음 눈에 띄는 걸 제물로 바치겠다고 맹세했다가 딸을 먼저 보는 바람에 그만…

만약 그리스에서 문제가 생기지 않았더라면 이 무식하고 야만적인 행태가 언제까지 계속되었을지 모른다.

이스라엘은 블레셋한테 덤볐다가 보기좋게 당했다.

이스라엘의 원로들은 비장의 무기를 동원하기로 했다.

하느님의 궤는 이스라엘에서는 보물 중의 보물이었다. 나무로 된 이 거대한 궤짝은 예리코에서 여호수아가 지녔던 것으로, 안에는 모세가 하느님으로부터 받은 율법판과 요셉의 미라가 들어 있었다. 이스라엘 군대는 환호했다.

하지만 정작 이 싸움이 벌어지니 하느님의 궤는 블레셋이 차지했다!

이때부터 이스라엘은 블레셋 하면 이를 갈았다.

그런데 그때부터 블레셋 사람 중에서 종기로 고생하는 사람이 속출했다.

그들은 원로한테 따졌다.

개네들 신을 모욕한 벌을 왜 우리가 받아야 합니까?

미안타…

블레셋의 원로들은 이스라엘 신의 노여움을 달래기 위해 황금으로 종기 다섯 개와 쥐 다섯 마리(종기와 함께 쥐도 들끓었다)를 만들어 같이 보내기로 했다.

얼마나 더 기달려?

학교에선 이런 거 안 만들어봐서…

하느님의 궤에다 선물을 얹어 우마차에 싣고 이스라엘로 보냈다.

이스라엘의 사제들은 신이 나서 소를 죽이고 마차를 불사르고 거대한 바위에다 불태운 제물을 얹었다.

이 일로 블레셋에서 종기가 사라졌는지는 성서에 안 나와서 잘 모르겠지만 이스라엘의 문제가 해결되지 않은 것은 분명하다. 이스라엘은 그다음에도 20년 동안 블레셋의 지배를 받았다. 이스라엘을 구한 것은 마지막 판관이며 킹메이커 역할을 한 사무엘이었다.

동물을 제물로 바치는 종교 의식은 전문 사제의 등장과 함께 시작되었을 것이다. 사제는 신과 교감하기 위해 양을 굽고 내장에 적힌 메시지를 읽었다.

어때요?

좋아요, 아주 좋아요…

구석구석 점검한 다음 사제들은 제물을 먹어치웠다.

하느님한테 바치는건 줄 알았는데…

우린 하느님 똘마니잖아.

사무엘의 이야기는 아기를 못 낳는 한나라는 여인이 신전에 가서 다짐을 하면서 시작된다.

하느님, 떡두꺼비 같은 아들 하나만 낳게 해주시면 제가 그 아이를 하느님께 다시 바치겠습니다. 털끝 하나 안 건드릴게요.

아줌마, 진담이야?

한나는 사제 엘리의 축복을 받고 집으로 돌아가 아들을 낳았다. 사무엘이라 이름 짓고 약속대로 엘리에게 키워달라고 맡겼다.

난 한다면 하는 사람이거든!

신전에서 자란 사무엘은 예언자로 이름을 날렸다.

종말이 온다!

폼은 있는 대로 잡네...

엘리의 아들들이 블레셋에 맞서 궤를 지키다가 몰살당하는 바람에 이스라엘의 운명을 판단할 예언자는 사무엘만 남았다. 사무엘은 때를 기다리다가 20년 뒤 군사를 일으켰다.

이번에는 이스라엘이 블레셋을 격파했다. (지난번처럼 폭우가 쏟아진 게 아닐까?)

이스라엘의 지도자가 된 사무엘은 사방을 순회하며 재판관 노릇을 했다.

우리 민족의 아버지 같은 분이란다!

할아버지 같은데요.

늙은 사무엘에게 원로들이 찾아와 부탁을 했다.

왕이 되어주소서!

성서에는 왜 갑자기 왕이 필요해졌는지 자세한 설명이 없지만 나름대로 추측은 해볼 수 있겠다.

세상이 달라졌어. 우린 이제 부족이 아니라 민족이라구!

개나 소나 다 왕은 있더라 뭐!

협상을 해도 대표가 필요하거든!

예언자보다 그럴싸한 직함이 필요해요!

너무 강직해서 좀 그렇지만!

너무 털보라 좀 그렇지만!

외적에 맞서려면 군대를 양성해야 돼요!

할 거죠?

왕이 되자마자 사울은 황소를 토막냈다.

이스라엘 방방곡곡에 토막을 보내면서 엄포를 놓았다.

사울과 사무엘 앞에 대령하지 않는 자는 요 모양 요 꼴이 될 것이다.

출석률 100퍼센트였다.

사울은 양민을 괴롭히던 암몬 무리 토벌에 나섰다.

야훼!

우리가 무슨 테러리스트라도 되냐, 토벌까지 하게!

암몬 무리가 뺑소니를 치자 사울의 인기도 치솟았다.

오~오빠!

기세가 등등해진 사울은 아들 요나단을 앞세워 블레셋의 요새를 공격했다. 그러자 블레셋인은 대반격에 나섰다.

으익!

이스라엘 병사들은 뿔뿔이 흩어졌다!!

애 볼 사람이 없어서!

난 혈압이 좀 높아서.

난 달리기가 좋아서.

골리앗은 이슈비베노브, 사프, 골리앗 주니어, 그리고 이름을 모르는 육손이 등 장성한 네 아들을 남기고 죽었다. 네 형제는 모두 블레셋의 군인이 되었다. 하지만 골리앗의 방패를 들고 다니던 당번병의 행방은 아직도 묘연하다.

요나단이 아버지한테 다윗이 떠났다고 이실직고하자 사울은 불같이 화를 냈다!

다윗은 고갯마루에서 기다리던 가족, 친구와 합류했다. 가난하고 핍박받는 사람들도 다윗을 따랐다. 그들은 다윗의 든든한 원군이었다. 요압이라는 용맹한 장수가 다윗의 오른팔 노릇을 했다.

사울은 다윗을 붙잡으려고 여러 번 시도했지만 다윗은 번번이 빠져나갔다.

그때 다윗이 부하들과 함께 블레셋으로 망명했다는 소식이 들렸다!

사울은 사무엘의 조언을 듣고 싶었지만 사무엘은 이미 불귀의 객이었으므로 무당*을 찾아가서 사무엘의 혼령을 불렀다!

며칠 못 가서 사울과 요나단은 블레셋 군대와 싸우다가 전사했다.

✱ 무당은 여자로만 대를 이으면서 자기끼리 은밀한 지식을 전수했는데, 사울과는 '애증' 관계였다.

무당의 주문이 효력이 있었을까? 1987년 한 과학자가 이제껏 사람들이 몰랐던 항생 물질을 개구리 피부에서 추출했다.

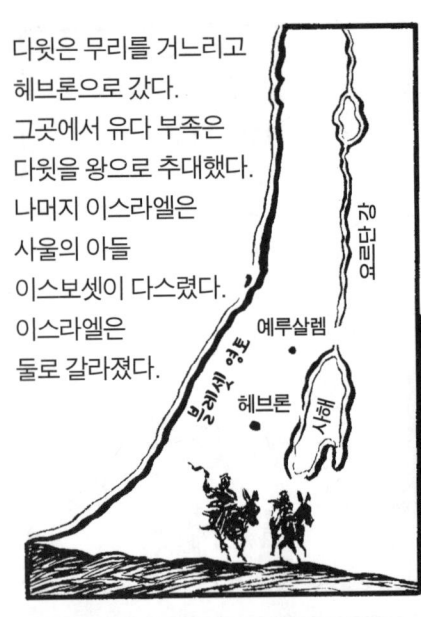
다윗은 무리를 거느리고 헤브론으로 갔다. 그곳에서 유다 부족은 다윗을 왕으로 추대했다. 나머지 이스라엘은 사울의 아들 이스보셋이 다스렸다. 이스라엘은 둘로 갈라졌다.

두 이스라엘은 2년 동안 싸움을 벌였지만 전세는 차츰 다윗에게 유리해졌다. 결국 이스보셋은 피살되었다.

암살자들은 이스보셋의 머리를 베어 다윗에게 바쳤다.

놀랍게도 다윗은 두 사람을 죽이고 손과 발을 잘라 매달라고 명령했다!

다윗은 서른 살의 나이로 통일 이스라엘의 왕이 되었다.

언덕 위에 자리잡은 예루살렘은 기원전 1800년 이후로 여부스인이 줄곧 지배한 도시인데, 다윗은 이 천혜의 요새에 눈독을 들여 일거에 점령하고 예루살렘을 수도로 삼았다.

신이 난 다윗은 가랑이를 벌려가며 혼자 덩실덩실 춤을 추면서 거리를 누비고 다녔다.

슈퍼스타 다윗

궁전으로 돌아온 다윗을 미갈이 몰아세웠다.

미갈도 할 말이 많았다. 아버지와 두 오빠가 죽었지, 다윗은 새 부인을 둘이나 들였지. 아무튼 이때부터 다윗은 미갈을 거들떠보지도 않았다.

얼마 뒤 옥상에서 바람을 쐬다가 다윗은 목욕하는 밧세바를 우연히 보았다.

밧세바는 다윗의 부하였던 히타이트 사람 우리아의 부인이었지만 다윗은 아랑곳하지 않고 여자를 불러들였다.

여자가 임신을 하자 다윗은 결단을 내렸다.

다윗은 싸움터에 나가 있던 우리아를 후방으로 불렀다.

그리고 편지를 들려 요압 장군에게 보냈다.

약간 슬퍼하는 척하다가 다윗은 밧세바와 결혼했지만 아기가 죽어버렸다. 사람들은 천벌이라고 했다. 다음에는 무사히 태어났다. 이 아이가 솔로몬이었다.

솔로몬이 어렸을 때 이스라엘은 강대국으로 성장했다. 다윗의 군사는 블레셋을 누르고 인접 왕국들로부터 조공을 받았다. 덕분에 아버지와는 달리 솔로몬은 풍족하게 자랐다. 하지만 못 볼 것도 많이 보았다.

우선, 배다른 누나 타마르가 배다른 형 암논한테 능욕당하는 걸 보았다.

배다른 형 압살롬이 복수를 갚기 위해 암논을 죽이는 것도 보았다.

커서는 압살롬이 다윗에게 반란을 일으키는 것도 보았다.

이스라엘 만세!

다윗의 친위대가 반란군을 진압하는 것도 보았고, 달아나던 압살롬이 나뭇가지에 목이 걸려 버둥거리는 것도 보았다

요압 장군이 압살롬을 난도질하는 것도 보았다!

야압

다윗이 아들의 죽음을 슬퍼하는 것도, 요압이 버럭 화를 내는 것도 보았다.

압살롬이 보고 싶어!

나만 죽일 놈 만들겠다는 거요 뭐요?

반란으로 왕국은 갈라졌다. 유다, 베냐민 부족은 다윗을 따랐고, 나머지는 예전처럼 사울의 가문에 충성을 바쳤다.

늙은 다윗은 분열을 수습하느라 안간힘을 썼다. 블레셋까지 반란을 일으켰다.

콜록콜록, 캑캑, 이 짓도 더는 못해먹겠다!

솔로몬은 이 모든 것을 지켜보았다.

다윗이 오한에 떨며 죽어가자 참모들은 아비삭이라는 미녀를 들여보내 원기를 북돋우려고 했다. 아들들은 왕위를 노리고 치열한 암투를 벌였다.

아도니야라는 아들이 솔로몬도 안 부르고 대관식을 거행했다.

그러는 동안 밧세바는 죽어가는 왕한테 솔로몬에게 왕위를 물려달라고 애걸했다.

사제, 예언자, 장군들 모두 다윗이 솔로몬에게 왕위를 물려주었다고 선언하면서 시가 행진을 벌이자 그 광경을 본 아도니야의 측근들은 혼비백산했다.

아도니야가 잘못했다고 빌자 솔로몬은 이렇게 대꾸했다.

그러나 다윗이 죽자마자 솔로몬은 누명을 씌워 앙숙을 해치웠다.

아도니야의 친구들도 날벼락을 맞았다. 유대교 신전 제단에 악착같이 매달린 요압 장군도 저승길에 올랐다.

솔로몬은 유명한 일화를 퍼뜨렸다. 똑같은 아기를 두고 서로 엄마라고 주장하는 두 여자가 시비를 가려달라고 솔로몬 앞으로 왔다. 솔로몬은 아기를 두 토막 내어 나눠가지라고 했다.

한 여자는 그러자고 했지만 또 한 여자는 차라리 아이를 포기하겠다고 했다. 솔로몬은 포기한 여자가 진짜 엄마라고 판정했다.

길이로 자를갑쇼?

성서에 따르면 그 이야기를 듣고 온 이스라엘이 벌벌 떨었다고 한다. 왜 떨었을까?

여기에는 중요한 정치적 상징이 숨어 있었다.

가짜 엄마=솔로몬
칼=칼
아기=이스라엘
진짜 엄마=아도니야

무슨 말인고 하니, 불법으로 왕위를 찬탈한 솔로몬은 왕국을 분열시키는 내란도 불사했다는 뜻이었고, 사울의 후손 아도니야는 이스라엘의 분열을 막기 위해 왕위를 포기했다는 뜻이었다. 왜들 떨었는지 이제 이해가 가시는가?

아기를 반토막 내라는 게 다 깊은 뜻이 있을랑.

솔로몬은 이스라엘에서 가장 강력한 왕이 되었다. 전에 사무엘이 예언한 대로 솔로몬은 엄청난 세금을 징수하고 마차를 징발했으며 수백 명의 유부녀를 울렸고 이교도의 신을 섬겼다!

예언자 몇이 반기를 들었지만 언 발에 오줌 누기였다.

파쇼 타도, 파쇼 타도!
뒤를 봐!!
히히, 파쇼라는 이집트 젊은 애가 워낙 버르장머리가 없어서 혼 좀 내자구요...

하느님 맙소사!

왕국은 다시 쪼개졌다. 이번에는 돌아올 수 없는 강을 건넜다. 르호보암은 예루살렘을 근거지로 작은 유다 땅을 다스렸고 여로보암은 나머지 이스라엘을 다스렸다.

솔로몬의 지지 세력은 이스라엘에서 유다로 도망갔다. 그중에는 사제들이 많았다.

결국 유다는 유대교라는 종교의 중심지로 자연스럽게 발전했다. 이스라엘에서 무슨 일이 벌어졌는지 잠시 후에 알아보기로 하고…

한편 원기를 회복한 이집트는 이웃 왕국의 분열을 틈타 유다를 침공했다.

르호보암은 섣불리 대적하지 않고 파라오에게 금은보화를 내주었다.

왕좌에서 쫓겨나지만 않으면 무슨 일인들 못 하리?

넉넉하지는 않아도 유다는 이집트의 보호 아래 그런대로 버텼고 다윗 집안이 계속 다스렸지만, 이스라엘은 순탄하게 굴러가지 않았다.

기원전 915년경 여로보암이 죽자 바아사라는 악당이 정적을 살해하고 왕위에 올랐다.

바아사의 후계자는 전차 대장 짐리에게 제거당했지만 짐리는 1주일 만에 쫓겨났다.

짐리는 궁궐에서 옴리에게 화형당했다.

옴리는 제명대로 살고 왕위를 아들 아합에게 물려주었다.

꿀꺽!

정복자 아시리아

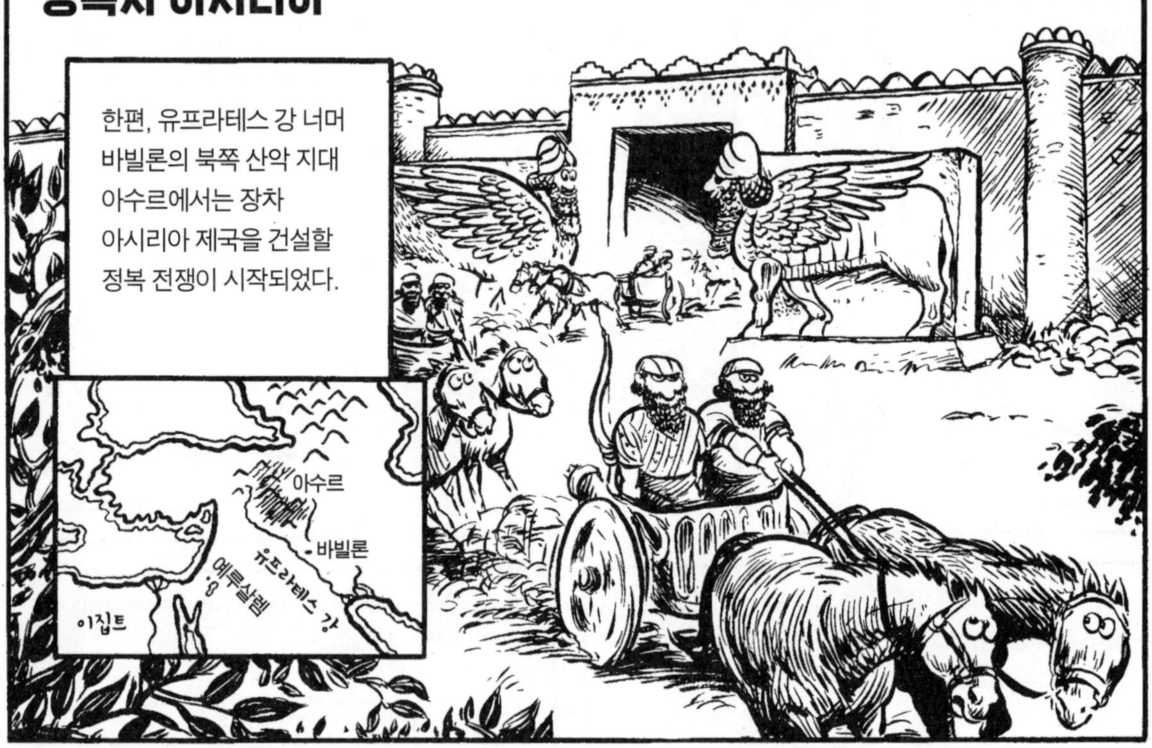

한편, 유프라테스 강 너머 바빌론의 북쪽 산악 지대 아수르에서는 장차 아시리아 제국을 건설할 정복 전쟁이 시작되었다.

아시리아는 수메르와 바빌론의 종교·문학·과학을 물려받아 거기에 자기만의 독특한 색깔을 입혔다.

아시리아인은 행정 능력이 뛰어났다. 그들이 닦은 도로망과 통신망은 제국의 밑거름이었다.

미신에 중독된 아시리아의 사제들은 조상으로부터 물려받은 수준 높은 의학을 주문과 마술의 잡탕으로 전락시켰다. 아시리아에서는 의원들을 가령 이런 식으로 양성

의원 앞에 흑돼지가 나타나면 환자가 죽는다는 뜻… 의원 앞에 흰돼지가 나타나면 환자가 산다는 뜻…

처음부터 시작!

하지 않았을까… 그래서 아시리아 사람은 병이 들면 의원을 찾아가지 않고 집 앞에 우두커니 앉아서 지나가는 길손의 조언을 들었다!

아무래도 그놈의 코를 잘라야겠수!
아픈 건 코가 아니라 발이우!
이 사람 돌팔이래요!
벌써 몇 명째야? 열다섯!

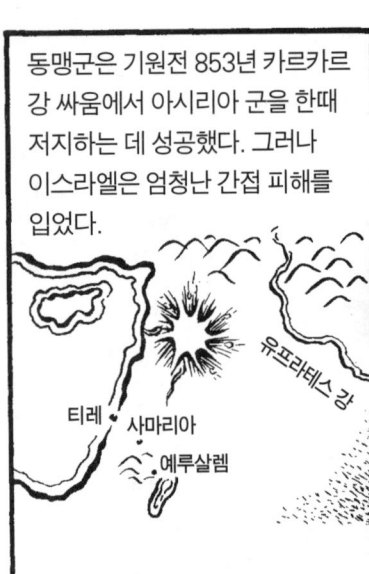

바알 숭배의 최후

3년의 가뭄이 이어지는 동안 아합은 사방으로 물을 구하러 다녔다. 그때 엘리야가 나타났다.

엘리야는 바알의 예언자들에게 결투를 청했다.

군중이 운집한 가운데 제단 둘이 만들어졌다. 도살한 황소를 한 마리씩 위에 올려놓고 엘리야가 입을 열었다.

바알의 예언자들은 오전 내내 불을 피워달라고 기도했다.

그들은 악을 쓰고 돼지 멱 따는 소리를 내고 심지어는 칼로 자해까지 했지만, 아무 소용이 없었다.

엘리야는 차례가 되자 이상한 짓을 했다.

엘리야는 장작이 흠뻑 젖을 때까지 물을 세 통이나 들이부었다.

그러더니 아브라함, 이삭, 야곱의 신에게 소원을 비니까 순식간에 장작불이 활활 타올랐다. 사람들은 넙죽 엎드렸다.

후세 사람들은 엘리야가 부은 게 물이 아니라 혹시 기름이 아니었나 의심하기도 했지만 아무튼 당시 사람들은 물이라고 철석같이 믿었다! 엘리야는 바알의 사제들을 체포하라고 명령했다.

바알 사제들이 살해당하는 걸 보면서 아합은 걱정이 태산이었다!

곧이어 비가 내리기 시작하자 엘리야는 줄행랑을 놓았다.

이제는 죽은 목숨이라고 생각하고, 밭일을 하던 엘리사에게 엘리야는 자기 누더기를 입혔다.

엘리사는 자기 소를 잡아 이웃들을 먹인 다음 엘리야를 따라갔다.

예로부터 이스라엘 백성과 예언자는 항상 사이가 좋지만은 않았다. 「열왕기」 하권에 엘리사가 아이들에게 놀림받는 일화가 나온다.

그래서 엘리사가 "야훼의 이름으로 아이들을 저주하자 암곰 두 마리가 숲에서 나와 아이들 마흔두 명을 찢어 죽였다."(열왕기 하 2: 23~24)

나중에 이야기로 적을 때는 골백번도 넘게 곰이 안 나타났던 경우는 다 빼시오!

15년이 흘렀다… 그동안 엘리야도 죽었고 아합도 죽었다. 아합의 아들 요람이 이스라엘을 다스렸고 손자 아하시야는 유다를 다스렸다. 이세벨은 아직 건재했다. 왕의 고문이 된 엘리사는 예언자 집단을 대표하여 바알 문제의 근본적 해결책을 모색했다.

예언자는 친구들과 노닥거리는 예후를 집으로 끌어들여 왕으로 임명하고는 도망갔다.

예후 일당은 아하시야 왕이 요람 왕을 방문중이던 이스르엘로 몰려갔다. 성루에서 보초는 이렇게 보고했다.

미친 놈처럼 몰려오는 걸로 보아 님시의 아들 예후 패거리 같은데요.

전령을 두 번이나 보냈지만 아무 기별이 없자, 요람 왕과 아하시야 왕이 직접 예후를 맞으러 나갔다. 이런 대화가 오갔다.

잘 지내지?

잘 지내긴! 마귀 할멈 같은 당신 어미 이세벨이 시퍼렇게 살아 있는데 내가 어떻게 잘 지내!

요람이 물러서려고 등을 돌리자 예후가 있는 힘껏 화살을 당겼다!!

아무래도 번지수를 잘못 찾은 거 같은데… 억!

아하시야까지 살해한 예후는 여세를 몰아 이세벨을 잡으러 왔다.
이세벨이 창 밖으로 고개를 내밀었다.

"주인을 해친 짐리가 제명대로 살던가?"
(193쪽 참조)

그러자 예후는 악을 썼다.

"거기 우리 편 없냐?"

내시 두엇이 기다렸다는 듯 나서서 늙은 왕비를 창밖으로 던졌다.

예후의 마차 부대는 이세벨의 시체를 수없이 짓밟아 나중에는 손과 발, 머리밖에 남지 않았다.

"야훼께서 예언자 엘리야를 통해 말씀하셨다.
이세벨의 시체는 묻어주는 사람이 없어 이스르엘에 있는
제 땅에 버려져 개들이 뜯어 먹을 것이다."

예후는 아합의 자식 일흔 명을 보살피고 있던 원로들에게 싸울 것인지 아니면 왕손들의 머리를 보낼 것인지 택하라고 윽박질렀다. 원로들의 선택은 물으나마나였다.

성문 앞에 머리 일흔 개가 두 더미로 차곡차곡 쌓였다.

"무자식이 상팔자가 아니라 부모 없는 게 상팔자네…"

내시는 언제부터 생겼을까? 다산과 풍요의 여신 이슈타르를 섬기던 광신도들이 여신한테 생식기를 잘라 바친 데서 유래했다는 설도 있다. 혹은 왕이 남자들의 공격

"장점도 있잖아? 쓸데없이 주먹 휘두를 일도 안 생기고 얼마나 좋아!"

성을 제거하기 위해 황소 불알 까듯 거세했다는 설도 있다. 아무튼 왕은 통하고 유순한 내시를 앞세워 후궁의 첩들을 관리했다.

"지금 내시 데리고 뭐하는 거야?"

"고양이도 쓰다듬어 주면 좋아하는데 사람은 오죽하겠수?"

아합의 신하, 사제, 시종, 마흔두 명의 자식까지 모조리 처치한 예후는 이제 바알로 관심을 돌렸다.

바알 봉헌제를 성대하게 치른다고 하니까 사제, 예언자, 신자가 좋아라고 우르르 몰려들었다.

바알을 아합은 은근슬쩍 밀었지만 예후는 화끈하게 밀어줄 터!

짜식들 좋아하기는…

신전이 인파로 미어터지자 예후의 부하들이 문을 걸어 잠갔다.

신전 밖으로 개미 새끼 한 마리 못 빠져나오게 한 뒤 모조리 죽였다.

한 놈이라도 달아나면 그땐 너희가 골로 가는 거다!

바알 신상은 불에 탔고 신전은 허물어져 공중변소로 사용되었다. 이스라엘에서 바알 숭배는 이렇게 끝장났다.

바칠 건 없고 이거라도… 어으 시원하다.

이스라엘 왕 중에서는 그나마 예후가 기원전 830년경 아시리아의 샬마네세르 3세에게 절을 하는 모습이 유일하게 그림으로 남아 있다.

형님, 저 왔습니다.

황금시대의 종말

예후의 쿠데타가 남긴 상흔도 어느덧 아물고 기원전 750년 무렵 이스라엘은 황금시대로 접어들었다. 새로운 법이 제정되고 입으로 옛날 이야기도 열심히 기록했다.

이때 예언자 아모스가 나타나 풍요 속 빈곤(모든 '황금시대'의 공통된 특징)을 강력히 규탄했다.

상아 침상에서 뒹굴고, 몸에는 값비싼 향유를 바르고 술은 대접으로 퍼 마시며 요셉 가문이 망하는 것쯤 아랑곳도 하지 않는 너희들에게 저주가 있으라!

놀고 있네! 하하!

그러다가 기원전 740년 아시리아의 징세관이 티레에서 살해당하는 사건이 벌어졌다.

물러가라!

아시리아 군대는 무력을 과시하기 위해 북부 이스라엘을 유린했다.

메나헴 왕은 한 사람당 50세켈의 특별세를 거두어 아시리아에게 바쳐 점령군을 돌려보내고 한동안은 무사하다 싶었는데…

짤랑 짤랑 짤랑

갑자기 경제 사정이 어려워지니까 폭동이 일어났고 5년 뒤 아시리아가 다시 침략했다!

아시리아인은 한번 쳐들어올 때마다 수만 명의 이스라엘인을 잡아가서 1500킬로미터나 떨어진 북부 아시리아로 이주시켰다. 기원전 722년 마침내 수도 사마리아는 함락되었다.
2만 7290명의 이스라엘 시민이 끌려가면서 이스라엘 왕국은 무너졌다.
이때 끌려간 사람들을 실종된 이스라엘의 10지파라고 한다.

이스라엘이 인접한 유다에 시달리는 것을 보면서 예언자 이사야는 탄식했다. "백성의 마음은 바람에 휩쓸리는 수풀처럼 흔들리는구나…"

유다 왕은 아시리아 왕에게 재물 바치기에 바빴다!

요거 예쁘네!

서, 성은이 망극하옵니다요…

하지만 아시리아의 국력이 쇠하는 기미를 보이자 유다 지도자들은 이집트와 손을 잡아 반란을 도모했다.

결국 기원전 701년 아시리아는 유다를 다시 초토화하고 20만 명을 포로로 잡고 예루살렘을 포위했다. 이사야가 외쳤다.

만군의 야훼가 수리처럼 예루살렘 위를 날며 지켜주리라.

아시리아 군대는 전염병으로 고생하다가 포위를 풀었고 예루살렘은 기적적으로 살아났다.

내 말이 맞지롱! 내 말이 맞지롱!

쑥밭이 된 유다 왕국은 동맹국 사이에서 줄타기를 하면서 간신히 연명했다. 그래도 기원전 612년에 바빌로니아에게 망한 아시리아보다는 100년이나 오래 버텼다.

결국 유다를 무너뜨린 것은 아시리아가 아니라 바빌로니아였다. 기원전 597년 바빌로니아 제국을 건설한 네부카드네자르는 예루살렘을 함락하고 2만 명의 상류층을 바빌론으로 데려갔고 허수아비 시드키야를 내세워 유다를 다스렸다.

"우린 돌아다니다가 세월 다 보내겠다…"

믿었던 시드키야가 반란을 꾀하자 네부카드네자르는 기원전 586년 다시 돌아와 시드키야 앞에서 두 아들을 죽였다.

"이런 천인공노할!"

"뭘 이 정도로…"

그러고는 시드키야의 눈알을 뽑았다. 끔찍한 장면은 이것으로 끝!

"폐하의 상상력은 참 엽기적이셔!"

"호호 자네 눈을 보니까 영감이 떠오르더라구!"

반란 세력은 이집트로 대거 달아났고, 네부카드네자르는 포로를 거느리고 바빌론으로 돌아갔다.

INTRODUCTION

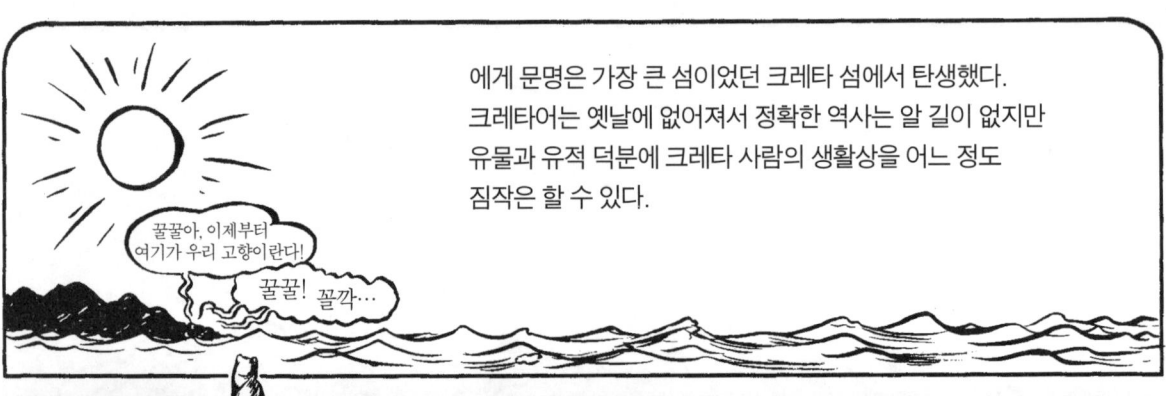

에게 문명은 가장 큰 섬이었던 크레타 섬에서 탄생했다. 크레타어는 옛날에 없어져서 정확한 역사는 알 길이 없지만 유물과 유적 덕분에 크레타 사람의 생활상을 어느 정도 짐작은 할 수 있다.

꿀꿀아, 이제부터 여기가 우리 고향이란다!

꿀꿀! 꼴깍…

위대한 여신과 그녀의 뱀

돌고래가 그려진 벽화

고둥과 문어가 새겨진 도자기

외적을 막는 성벽도 없었던 평화로운 도시.

기둥이 줄지어 있고 현대식 배수 시설을 자랑하는 궁전.
(서양 건축물에서 이 정도의 배수 시설이 완비된 것은 겨우 100년 전부터다).

엄마, 똥꼬 닦아줘!

주기적으로 지진이 일어났고…

무용수와

무용도 있었다.

이 모든 것에 대한 전문가의 해석을 들어보자!

아무래도 모계 사회의 증거로 봐야겠죠. 네, 여왕이 제사장을 겸임하면서 다스리는 사회에서는 갈등이 싹틀 여지가 없었답니다. 말 한 마디로 천 냥 빚 갚는다잖아요, 호호호…

횡설수설하지 마시고… 내 생각엔 여왕이 해마다 기운센 총각으로 남편을 갈아치웠다고 봅니다만… 암튼 있을 때 잘해야…

젊으니까, 그, 모, 모냐, 히, 히, 힘이, 너, 너, 넘쳤겠네요, 꾸울~꺽.

전문가도 별 수 없죠?

하루아침에 일어난 일은 아니지만 이미 기원전 1400년 무렵이면 그리스인은 토박이들에게 자기네 문화와 언어를 강요하고 크레타까지 정복했다. 당연히 펠라스기인은 불만이 컸을 것이고 그리스인은 펠라스기인의 공격을 막기 위해 성벽을 굳게 쌓아올렸다. 이것이 미케네 성문이다.

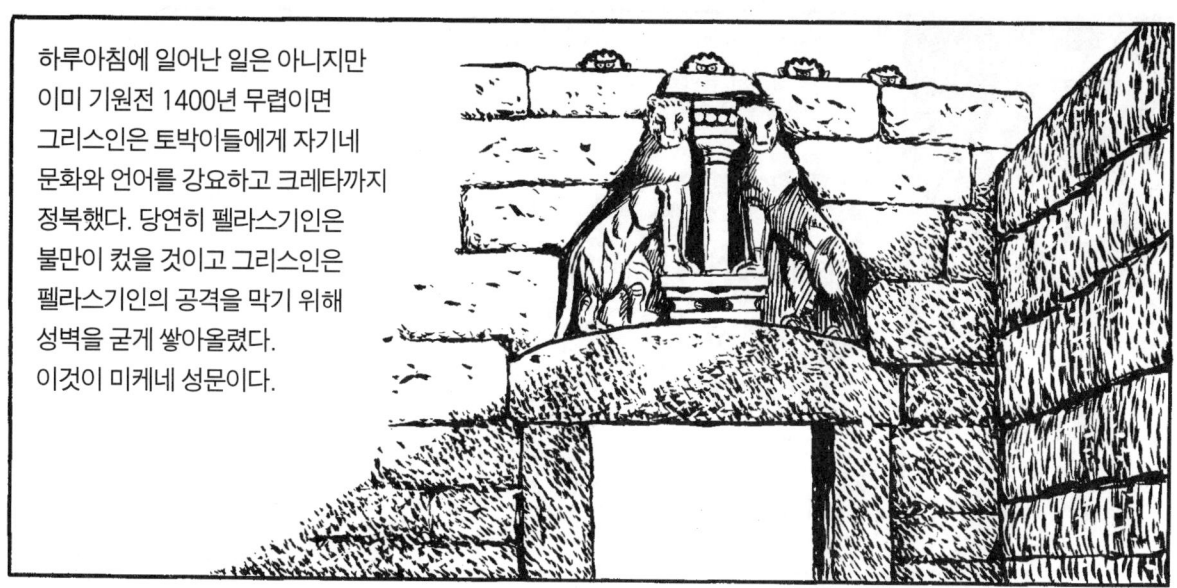

그리스인은 펠라스기인으로부터 농사 짓는 법을 배웠다. 주로 올리브와 포도를 재배했지만…

황홀경에 젖은 여신상의 얼굴에서 짐작할 수 있듯이 크레타 사람들은 고통을 잊기 위해 아편도 재배했다.

아이 좋아!

그러나 기원전 1200년경 미케네 문명은 잿더미가 되었다. 궁전은 약탈당하고 불살라졌다. 지하실에 저장해둔 올리브유 때문에 불길은 걷잡을 수 없이 커졌다.

방향이 틀려! 불 나는 쪽으로 가면 어떡해?

하나라도 더 털어야지!

고고학적 증거에만 의존해서 이야기를 풀어나가자니 말하는 나도 답답한데 듣는 사람은 오죽 답답하겠수!

그래서 지금부터는 문헌학적 증거를 토대로 썰을 풀어볼 참이우! 아득히 먼 옛날부터 입에서 입으로 전해 내려온 그 유명한 전설과 신화 말이우!

신화에는 신과 괴물만 등장하는 게 아니거든! 그 안에는 무시 못할 '역사성'도 있다 이 말씀…

가령 모든 그리스인의 시조로 일컬어지는 헬렌은 제우스가 일으킨 대홍수로 인간이 멸망한 직후 아버지 데우칼리온이 어깨 너머로 던진 바위에서 태어났다는 기원 신화만 해도 그래.

기원 신화는 대개가 엽기적이지만 그래도 쇠락과 몰락의 시대를 살아가는 사람의 처지에서는 은근히 찔리는 구석이 많다우! 기원 신화는 사실이 아니더라도 그런 것을 날조한 사람들의 심리에 대해서 뭔가 알려주는 게 있어요!

궁색한 변명이지만, 아무튼 지금부터는 그리스인의 눈으로 본 미케네 문명의 몰락사를 소개할게요.

저주 받은 운명

성공을 위해서는 물불을 안 가렸던 엘리스의 왕 펠롭스가 문제의 화근이었다. 펠롭스는 목숨을 걸고 한 전차 경주에서 마부를 매수하는 방법으로 이겨 늙은 왕을 죽인 다음 마부를 바다에 처넣었다. 그 뒤로 펠롭스의 후손은 불행에서 헤어나지 못했다. 펠롭스의 후손은 수많은 도시를 지배하여 그리스 남부의 절반이 펠로폰네소스라고 불릴 정도였다.

장면은 라이오스 왕과 이오카스테 왕비가 다스리던 테베로 넘어간다. 라이오스도 저주를 받았다!

여러 해 전 라이오스는 테베로 피신하여 펠롭스 왕의 보호를 받은 적이 있었다. 그런데 귀국하는 길에 펠롭스의 아들을 유괴하는 바람에 저주를 받게 된 것.

이오카스테가 사내아이를 낳자 라이오스는 복사뼈에 쇠못을 박아 산중에 내버렸다!

지나가던 목동이 주워다 기른 아이는 코린토스의 왕자로 입양되어 오이디푸스('통통 부은 발')로 불렸다.

어디서 많이 들어본 소리 아닌가? 164쪽을 보시길.

청년이 된 오이디푸스는 아버지를 죽이고 어머니를 범하리라는 저주의 운명을 피하려고 코린토스를 떠난다.

그런데 델포이에서 신탁을 받고 돌아오던 라이오스와 산길에서 부딪쳐 아버지인 줄 모르고 시비를 벌였다.

테베로 간 오이디푸스는 왕의 자리가 비어 있는 것을 알고 요상한 자격 시험에 합격하여 엄마 이오카스테를 아내로 맞아들인다!!

아버지 라이오스를 죽이고 테베에 온 오이디푸스는 테베가 스핑크스(그리스어로 '압제자'란 뜻)란 괴물의 협박에 시달리고 있음을 알았다. 스핑크스는 수수께끼를 낸 다음 못 알아맞춘 사람을 잡아먹었다.

오이디푸스가 수수께끼를 풀자 스핑크스는 자살했다고 한다.

이 전설은 테베 사람들이 라이오스의 살인범을 찾느라 얼마나 애썼고 오이디푸스가 어떻게 왕위에 올랐는지를 고대 그리스인에게 명쾌히 설명했지만, 의심 많은 현대인은 아직 궁금한 게 많다.

여러 해가 흘렀다. … 테베에는 전염병이 창궐했다. … 신들의 노여움을 가라앉히기 위해 백방으로 노력했다. … 염소, 양, 소, 심지어는 비둘기까지 바쳤지만 소용이 없었다. … 오이디푸스는 이유를 알고 싶었다.

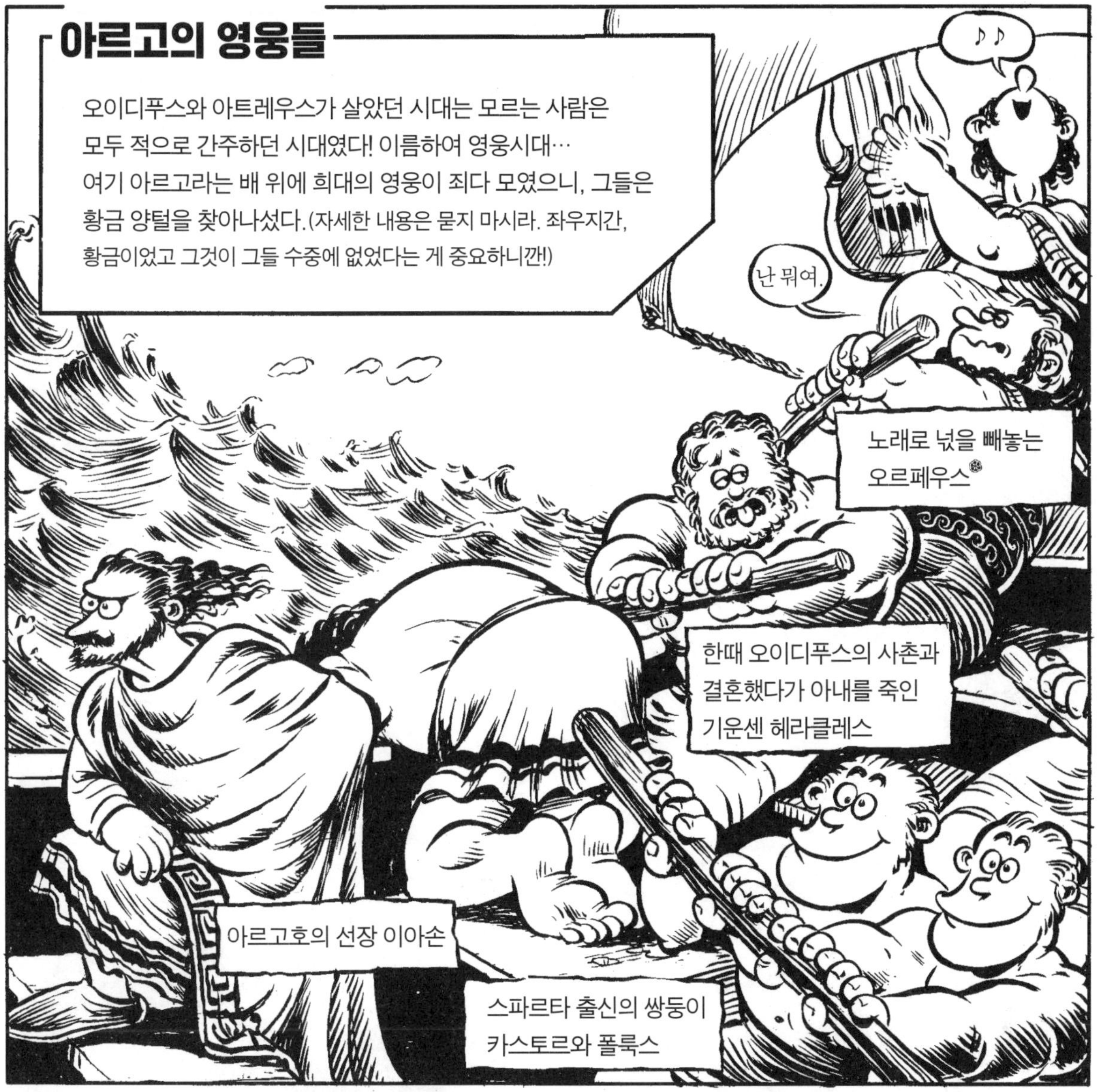

아르고의 영웅들

오이디푸스와 아트레우스가 살았던 시대는 모르는 사람은 모두 적으로 간주하던 시대였다! 이름하여 영웅시대… 여기 아르고라는 배 위에 희대의 영웅이 죄다 모였으니, 그들은 황금 양털을 찾아나섰다. (자세한 내용은 묻지 마시라. 좌우지간, 황금이었고 그것이 그들 수중에 없었다는 게 중요하니깐!)

♪♪

난 뭐여.

노래로 넋을 빼놓는 오르페우스

한때 오이디푸스의 사촌과 결혼했다가 아내를 죽인 기운센 헤라클레스

아르고호의 선장 이아손

스파르타 출신의 쌍둥이 카스토르와 폴룩스

음악에 대한 그리스인의 관심은 적어도 오르페우스까지 거슬러 올라간다. 이 전설적 하프의 달인은 새, 짐승, 야만인을 선율로 잠재우는 놀라운 솜씨가 있었다.

어느 정도였는가 하면 야만인을 어찌나 홀려놨는지 질투에 눈이 먼 부인들이 식칼로 오르페우스를 살해했다고.

전설에 따르면, 그런데도 오르페우스의 머리는 노래를 멈추지 않았다!

뭐 이런 게 다 있어? 라이브에만 강한 줄 알았더니!

이 몸이 죽어가서 무엇이 될꼬 하니…

자세한 내용은 생략하고, 아무튼, 헤라클레스를 내려놓고 아르고호는 납치, 살인, 싸움, 약탈을 하면서 기나긴 항해를 이어나간다.

정리하면:

첫째, 영웅시대에는 생산보다 강탈이 앞섰다. 법과 질서가 깡그리 무너져서 깡패와 영웅을 통 구별할 수가 없었다.

둘째, 황금이 있는 곳에 가려면 트로이라는 전략 요충 도시가 관할하는 좁은 해협을 지나가야 했다.

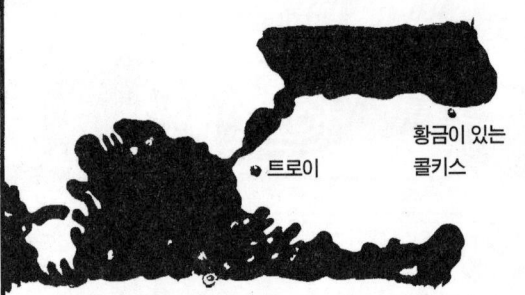

(헤라클레스가 트로이 전쟁이 벌어지기 한 세대 전에 트로이를 공격했다는 설도 있다.)

헤라클레스와 히드라의 일전은 헤라클레스의 승리로 돌아간다.

젊은 헤라클레스는 한때 루트의 대가 리누스에게 음악을 배웠다고 한다. 그런데 리누스가 그만 제자를 야단치는 잘못을 저지른 것이었다.

헤라클레스는 루트로 리누스를 박살냈다.

선한 영웅도 조심할 필요가 있었다. 힘을 주체하지 못했으니까.

다시 여기는 테베… 오이디푸스의 아들끼리 왕위 쟁탈전을 벌였다. 에테오클레스에게 왕위를 빼앗긴 폴리니케스는 동맹군을 찾아 그리스를 누비고 다녔다.

각각 사병을 거느린 여섯 명의 영웅이 폴리니케스의 인솔 아래 테베의 일곱 문으로 진격했다.

독재 타도 어쩌구 저쩌구…

이 싸움에서 영웅들은 모두 전사했고 두 형제도 칼부림을 하다가 사이좋게 죽었다.

폴리니케스의 시체를 매장하다가 누이가 얼마나 애를 먹었는지 궁금한 사람은 소포클레스의 비극 『안티고네』를 보시도록!

테베의 성벽은 남았지만 오래 버티지는 못했다. 몇 년 뒤 죽은 여섯 영웅의 아들들이 보이오티아 침공군에 가세하여 테베의 지배 세력을 축출하고 테베를 보이오티아의 영토로 만들었다.

이 두번째 테베 전쟁은 실은 예비전에 지나지 않았다. 머지않아 이 영웅의 후손들은 트로이에 당도하며, 아트레우스의 저주가 실현된다.

사진 한 장 박아라!
수염 없는 사람 어디 서러워서 살겠나…

그러던 어느 날 트로이에서 온 관광객 몇이 스파르타에 들렀다.

다음날 아침 두 사람은 종적을 감추었다!

이만저만 난처한 일이 아니었다. 메넬라오스가 왕위에 오른 것은 어디까지나 헬렌의 남편이기 때문이었다. 그렇다면 이제는? 형한테 가서 매달리는 수밖에.

미케네의 왕이 된 아가멤논은 총동원령을 내렸다!!

드디어 바람의 방향이 바뀌자 함대가 출발했다.

인근 마을에 있던 사람들은 모두 트로이로 몰려들어 포위전에 대비했다.

그리스 군대는 해안에 진을 치고 헬렌을 돌려달라고 요구했다!

트로이 군은 거부했고
전쟁이 시작되었지만…
지리한 전쟁이었다.
소득 없는 공방만 되풀이되었다.
호메로스의 위대한 서사시
『일리아스』는 전쟁이 9년째로
접어들었을 때부터 시작된다.

(아래 그림은 눈요기로 집어넣었는데, 그 전에 헥토르가 그리스 장수 오디세우스를 추격하는 장면이다. 두 사람은 중무장 차림으로 트로이 성 주위를 세 바퀴나 돌았다. 술래잡기도 아니고…)

❺ 아킬레스는 헥토르의 목에 창을 꽂는다.

❻ 그리고 시체를 마차 꽁무니에 매달아 질질 끌고 갔지만 트로이 군은 헬렌을 내놓지 않았다.

이집트에서는 트로이 전쟁을 달리 설명한다. 납치범 파리스는 고향 가는 길에 헬렌을 데리고 이집트에 들렀다가 노한 파라오 앞에 끌려간다.

"고얀 놈! 네놈들은 언제나 철이 들려고 그러느냐!"

"400년만 기다려 주시와요!"

파라오는 파리스만 보내고 헬렌은 붙잡아두었다. 헬렌은 꼬박 10년을 기다렸다.

"호이구 내 팔자야."

파리스도 그리스 군도 트로이에 발이 묶여 있었기 때문…

"십 년이라도 기다릴 테니 두고 봐라, 자슥아!!"

"그런 여자 없다니깐요!"

10년째 되던 해 그리스 군은 커다란 목마의 배에 몸을 숨긴 채 트로이 성 안으로 잠입하여 적을 무찔렀다.

호메로스가 쓴 또 다른 서사시 『오디세이아』는 전쟁이 끝난 뒤 오디세우스가 고향을 찾아 10여 년 동안 방랑하는 이야기다.

『오디세이아』는 어떻게 보면 오디세우스가 아내 페넬로페에게 들려준 무용담 같기도 하고…

어떻게 보면 술친구한테 떠벌인 애정 행각 같기도 하다.

아가멤논 왕의 말로는 비참했다. 남편이 없는 동안 클리템네스트라는 외간 남자와 눈이 맞았다. 아트레우스가 삶아 먹은 아기들의 동생인 아이기스토스였다.

아가멤논은 앞날을 너무나 훤히 내다볼 줄 알았던 트로이 공주 카산드라와 함께 돌아왔다!!

아가멤논과 예언녀는 집에 온 그 날로 살해당했다.

으아아아아악

죽어가는 그의 가슴에서는 숨을 내쉴 때마다 엉겨붙은 피가 울컥울컥 솟아나왔고 검붉은 핏방울이 내 몸에 튀었다… 그것은 오곡이 무르익은 대지에 내리는 빗방울보다도 달콤한 것이었다.*

잠을 못 자고 죽는 게 원통할 따름.

*『아가멤논』, 아이스킬로스

클리템네스트라도 애인과 함께 친아들 오레스테스의 손에 죽었다!

완전 콩가루 집안이구만!

'광분'한 오레스테스는 집을 떠났고, 아트레우스 집안은 전쟁, 살인, 광기의 한복판에서 무너져내린다.

메넬라오스도 고생문이 열렸다. 헬렌의 바가지가 시작된 것이다!

당신 형님이나 우리 언니한테 당신이 얼마나 못할 짓을 했는지 알기나 알아?

그만하세요, 사모님.

나 좀 내버려두면 어디가 덧나?

오레스테스는 이성을 되찾고 메넬라오스가 죽은 뒤 스파르타로 돌아와 왕위에 오르지만 그것은 폭풍 전야의 고요함이었으니…

조타…

도리스인이 가져온 암흑시대

기원전 1200년경, 그리스는 북방으로부터 도리스(전설적 인물이었던 도루스에서 유래한 이름)라는 낙후한 문명을 가진 부족의 침략을 받았다.

"그래, 우린 너무 낙후해서 뒤로 전진한다, 뗘냐?"

도리스인도 그리스인이었지만 말투가 너무 험해서 너무 심해서 고상한 남부인이 듣기는 괴로웠다!

"땅 안 주면 죽일테야!"
"입 닥치면 줄게!"

비교적 문명의 때가 덜 탔으므로 도리스인은 아직도 민회를 열어 모든 부족의 의사를 대변하는 장치를 유지하고 있었다.

대다수 부족이 그랬지만 도리스인도 자기들끼리는 끔찍이 위했고 남들에게는 잔혹하게 굴었다!

"이런… 손가락을 베셨네요, 아주머니!"

도리스인은 파죽지세로 여러 부족을 내몰고 펠로폰네소스를 대부분 장악했다. 사방팔방으로 난민이 흩어졌다.

예외도 있었다. 도리스인은 그리스인의 원조를 자처하던 아테네인은 정복하지 못했고, 산 속 요새에서 해괴망측한 종교의식을 거행하던 아카디아인도 건드리지 못했다.

도리스인에게 쫓겨난 사람들은 별별 이상한 구석까지 흘러들어갔다. 영국에 간 사람들도 있었고, 바다를 통해 이집트를 죽자사자 공격했고 나중에는 이스라엘과 불구대천의 원수가 된 블레셋인도 따지고 보면 정든 고향을 등질 수밖에 없었던 불쌍한 사람들이었다. 심지어는 중국하고도 관련이 있는데 그 이야기는 나중으로 미루자.

이렇게 해서 그리스는 기나긴 암흑시대로 접어든다. 인구는 나날이 감소하고 문자도 소실되었다.※ 궁전은 모두 약탈당했다. 이것이 215쪽 말미에서 보았던 장면이다.

"하나라도 더 털어야지!"

그리스인이 아주 오래 전 쓰던 문자를 선문자 B라 한다. 크레테의 그림문자에서 유래한 이 문자는 궁전의 장부를 기록하는 데만 쓰였다.

"두니오스가 궁전에 진 빚: 보리 2220말, 올리브 526말, 포도주 468병, 수양 15마리, 암양 1마리, 수염소 13마리, 기타 등등…"

"음! 시가 따로 없구만!"

기원전 1200년경 문명이 기울자 선문자 B도 잊혀지고 말았다. 그리스의 암흑시대 (기원전 1200~800년)와 함께 찾아든 문맹에 희희낙락한 사람도 적지 않았을 것이다!

"어디 보자… 오… 올리브?… 이게 몇 되란 소리야?… 이건 포도주인가? 자넨 좀 아나?"

"까막눈인데!"

희한한 것은 빈곤과 문맹의 와중에서도 기술은 발전했다는 사실. 그리스 암흑기에 철기가 등장했다.

기원전 1200년 이전까지만 하더라도 청동기 무기가 전부인 줄 알았다. 청동은 구리와 주석으로 만드는데 특히 주석은 구하기가 쉽지 않았다.

가난하면 싸우지도 못했대요!

그리스인도 철이라는 게 있다는 사실은 알았지만 철에 대해서 유일하게 가졌던 지식은:

아무짝에도 쓸모없다는 것!

철은 가공하기가 까다로웠고 너무 잘 휘고 부러지고 무뎌졌다.

맛 좀 봐라, 얍…

그래서 오랫동안 철로는 농기구만 만들었다. 하지만 철광이 있는 아르메니아를 중심으로 제철 기술이 보급되면서 암흑기에 양질의 철제 무기가 그리스에서 등장했다.

대장장이도 첨단 직업으로 등장했다!

청동기 시대만 해도 울 할부지는 오렌지 따는 일밖에 못했걸랑요!

철은 구리나 주석보다 구하기가 쉬웠다. 그리스에서 철이 가장 많이 나는 곳은 스파르타였다.

철의 조직 스파르타

겨우 네 개 마을로 이루어진 스파르타 읍은 라케다이몬이라는 첩첩산중에 있었다. 스파르타인은 도리스 귀족이었으므로 외지인을 불신했고 노동을 수치스럽게 여겼다!

썩을! 시국이 어느 때라고 나더러 농사를 지으라는거야!

땡그랑

스파르타인은 땅을 나누는 것도 질색이었다. 아버지가 죽으면 장남이 땅을 독차지하고 남은 형제는 새로운 땅을 찾아 나섰다.

이거라도 가지래.

휴, 늦게 태어난 죄로고…

그리스가 기원전 750년경 암흑기에서 벗어나면서 스파르타인은 노동과 토지라는 쌍둥이 문제를 해결하는 방책으로 전쟁을 택했다. 그들은 장갑 보병 방진이라는 새로운 전술을 도입하여 훈련했다.

'좌향좌' '우향우' '구보' '창 겹치기' 등 훈련에 훈련을 거듭하자 스파르타 군은 차츰 틀이 잡혔다. 주저앉거나 아군을 찌르는 실수도 사라졌다.

드디어 스파르타 군은 메세니아 평야로 원정을 떠났다.

메세니아인은 거세게 저항했고, 아직 장갑 보병의 전투 능력이 완벽하지 못했던 모양인지 전쟁은 20년을 끌었다.

결국 전쟁은 스파르타인의 승리로 끝났다. 그들은 부재 지주가 되고야 말겠다는 야심을 이루었다!

"무기 들고 다닐 노예도 구했슴다!"

스파르타 남자가 툭하면 전쟁을 벌이는 동안 스파르타 여자는 뭘 하고 있었을까? 여자도 나름대로 정복전을 수행하고 있었다. 대상은 집에 있던 남자 노예였다.

싸움터에서 돌아온 병사들 앞에 이상하게 생긴 아이들이 떼거지로 나타났다.

이들은 '파르테나이' 곧 사생아로 낙인찍혀 영원히 추방당했다.

스파르타인이 건국의 원조로 삼는 인물은 리쿠르고스라는 위대한 입법자다.

리쿠르고스, 우린 저 양반이 사람인지 신인지도 모른다고요!

현대 학자들은 리쿠르고스의 개혁이 1차 메세니아 전쟁 이후에 단행된 것으로 추정하지만 고대인은 스파르타 사회가 혼란의 도가니에 있던 까마득한 옛날에 살았다고 철석같이 믿었다.

스파르타인은 고생살이에서 벗어나는 데는 성공했지만 이제는 어마어마한 수로 불어난 성난 피정복민을 제압해야 했다. 여기서 스파르타 사회는 독특한 모습으로 발전한다.

전설에 따르면, 리쿠르고스는 혼란을 수습하기 위해 뜻을 같이하는 동지들을 은밀히 규합하여 완전 무장을 하고 저잣거리로 나섰다. 사람들은 꼼짝없이 말을 들을 수밖에 없었다!

난 이제 눈에 뵈는 게 없는 몸이야!!

그의 과감한 개혁안은 쉽게 수용되지 않았다! 리쿠르고스도 불만을 품은 청년 귀족과 옥신각신하다가 한쪽 눈을 잃었다.

리쿠르고스가 스파르타의 전통을 확립하는 데 얼마나 기여했는지 확실히 말하긴 어렵지만 어느 정도 기초를 닦았다는 사실은 분명해 보인다. 가령,

'진정한 스파르타인'이면 누구에게나 국가의 혜택을 주기 위해 시민에게 토지를 골고루 재분할했다. 농사를 실제로 지은 것은 농노였다. 농노는 수확한 곡식의 절반을 지주에게 바쳤다.

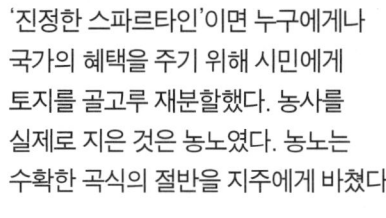

스파르타인은 검소하게 살아야 했다. 금은이나 장식물은 금지되었다. 스파르타에서는 천장 마무리도 도끼로 거칠게 하도록 법으로 정해 있었다.

차라리 짓지를 말지!

최고 지도자인 집정관은 민회에서 뽑았다. 집정관은 30명의 '명망가'로 구성된 위원회를 주재했다. 2명의 왕도 위원회의 일원일 뿐이었다!

이렇게 무시당해도 되는 거니!

집에서 식사하는 것도 위법이었다. 스파르타인이라면 누구나 회식단에 가입하여 일평생 공동으로 식사를 해야 했으니 참으로 고역이었다.

맨날 컵라면이잖아!

헬렌처럼 독립심 왕성한 스파르타 여성은 그리스 어느 나라보다도 많은 권리를 누렸다. 그들은 군사 훈련도 받았고 재산도 소유할 수 있었다. 남자들이 전쟁터에 나가 있는 동안 스파르타를 꾸려나간 건 여자들이었다.

빈손으로 돌아오기만 해봐!

사정이 이렇다 보니 스파르타인은 누구나 법을 잘 숙지하고 있어야 했다. 성문화된 법은 아니었지만 축제 같은 데서 심심하면 노래로 불려졌다.

한 놈이랑 너무 오래 싸우지를 말아라… 그놈이 전술을 눈치채버린다고…

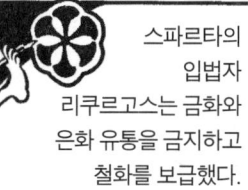

스파르타의 입법자 리쿠르고스는 금화와 은화 유통을 금지하고 철화를 보급했다.

강해 보이고 싶어서!

스파르타에는 철이 남아 돌았으므로 철화는 돈 구실을 못했다. 훔치자니 너무 무거웠고 위조하자니 헛수고였다. 있는 돈도 쓰기가 힘들었다.

"달변가, 점쟁이, 포주, 보석상, 세공사는 돈 없는 나라에 발을 붙일 수가 없었다."
『리쿠르고스 일대기』, 플루타르코스

그래봐야 실업률만 높아진다고요!

덕분에 스파르타인은 외국에서 만연된 악덕, 사치, '장삿속'과는 거리가 먼 삶을 살았다.

뭐라고? 돈? 쪼끔 있었는데 다 녹슬어 버렸다고…

스파르타인은 강건함을 으뜸으로 쳤다. 병든 아기는 죽게 내버려두었다. 살아남은 아기도 물고 빠는 법이 없었다!

남자아이건 여자아이건 모두 알몸으로 달리고 씨름하고 창던지기를 하면서 발군의 성적을 올렸다.

기량이 뛰어난 선수는 기원전 776년부터 4년마다 엘리스에서 열리던 올림픽 대회에 대표로 참가했다. 나체로 달리는 올림픽 전통의 원조라 할 수 있는 스파르타인은 참가한 종목마다 우승을 휩쓸었다.

원래 올림픽 대회 권투 종목은 한쪽이 패배를 인정해야만 끝이 났다. 한마디로 무지막지한 경기였다.

스파르타인은 아무리 스포츠일지언정 굴복하는 것을 더없는 수치로 여겼다.

쟨 이제 집엔 다 갔다!

집이 그렇게 멀어?

항복 신호

그래서 스파르타인은 권투 시합은 이기겠다는 확신이 안 들면 죽어도 안 했다.

시합 안 하고 어딜 가는 거야? 덤벼 덤벼!

갑자기 응가가 마려워서!

스파르타 교육이 고되기만 한 것은 아니었다. 그리스인이 말하는 사랑 곧 에로스도 교육의 일부였다. 스파르타식 에로스는 변형된 에로스로, 다 큰 남자와 소년 사이의 애정 관계만을 가리켰다.

보통 성인 남자는 각종 편의와 선물과 그럴 듯한 무용담으로 열두 살쯤 된 소년을 꼬셨다.

그래서 아저씨가 말이지요 새끼손가락 하나로 그놈 얼굴을 묵사발냈어요!
와!

아이는 처음에는 내켜하지 않았지만 거부는 오래가지 못했다.

자꾸 빼도 소용 없대두. 문명인은 원래 이래.

기원전 6세기의 골동품 잔

'그리스식 사랑'은 훗날 대부분의 서양 종교가 승인하지 못할 내용이었다.

18세 이하가 들어서는 안 될 소리.

어른은 소년이 따라야 할 사표 내지는 조언자가 되었다. 심지어는 장가까지 보내주었다.

힘이 넘친다우!

이런 동성간의 우정은 평생토록 이어졌다. 철통 같은 방진도 여기서 나왔는지 모른다!

너만 없었으면 진작에 때려치웠다!
제가 할 소리네요!!
그러니 나 같은 애는 눈에도 안 들어오겠지…

요즘 사람들은 스파르타 하면 근엄하고 진지하면서도 우락부락한 사람을 연상한다.

"임무 완수하는 것, 명예롭게 죽는 것, 사내녀석 후리는 게 우리의 유일한 낙이라고!"

하지만 스파르타인에게는 그 이상의 깊은 뜻이 있었다. 그것은 맹종과 강한 자부심과 외국인에 대한 혐오와 죽음에 대한 초연함을 암시했다. 한마디로 무인을 존경하는 상무 정신이었다!

본인들도 호강과는 워낙 거리가 멀었지만 농노와 노예는 훨씬 거칠게 다루었으므로 반란이 끊일 새가 없었다.

스파르타인은 무자비한 복수로 악명이 높았다. 한번 반란이 일어나면 수천 명의 농노를 어디론가 끌고 가서 쥐도 새도 모르게 처치했다.

기원전 550년 무렵 스파르타는 그리스 최대의 강국으로 떠올랐다. 펠레폰네소스 전체가 라케다이몬 사람 앞에서 벌벌 떨었다.

그러나 스파르타는 고루하고 답답한 면도 많았다. 사방이 육지로 가로막힌 벽촌 출신이라 그리스 전역을 휩쓸던 변화의 물살과는 담을 쌓고 살았다.

바다를 삼킨 그리스

스파르타처럼 육지에 갇혀 있던 그리스의 여러 민족은 바다에서 활로를 찾았다.
땅을 잃은 농민들은 농토를 찾아 이역만리로 항해를 떠났다. 그리하여 기원전 600년경
지중해 해안에는 수많은 그리스 식민지가 들어섰다.

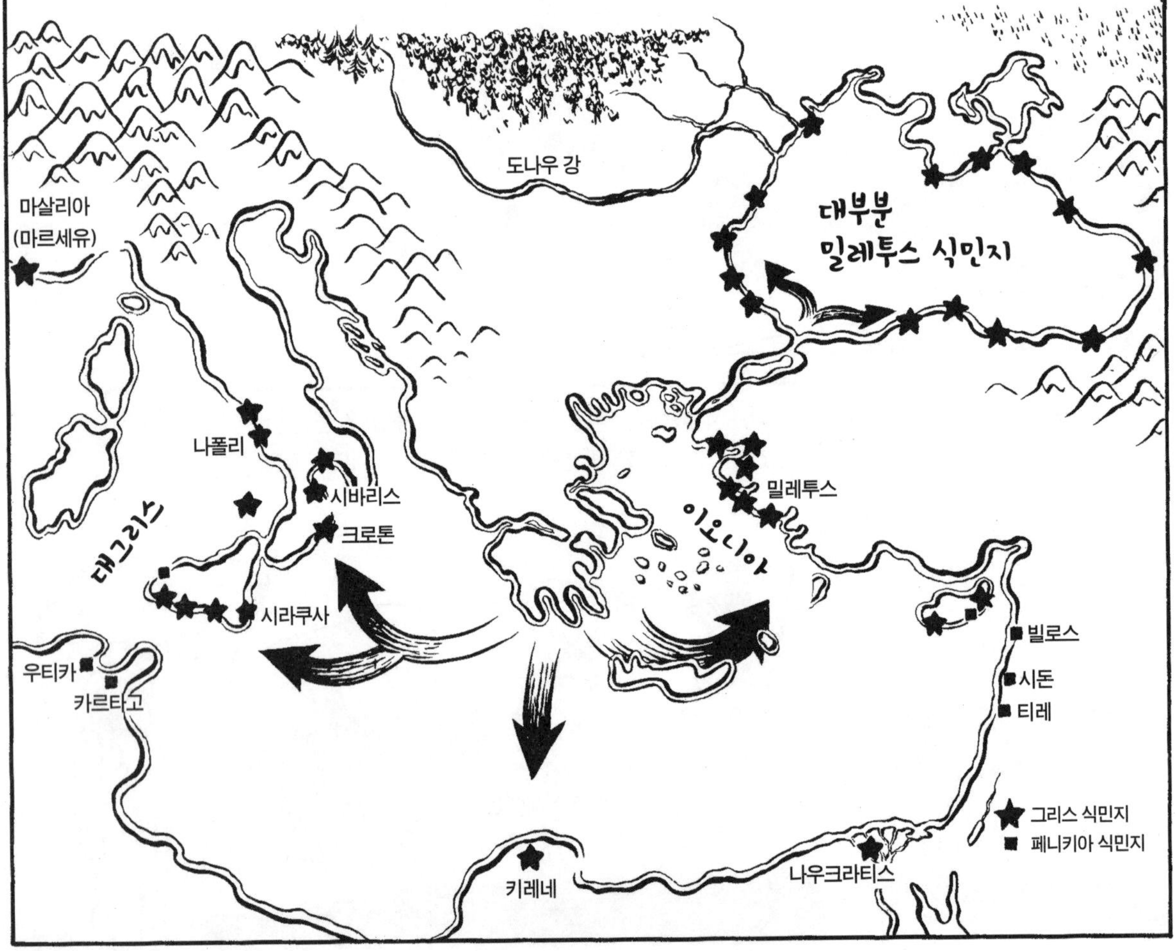

주인 없는 무주공산에 건설된 식민지도 있었고 토착민으로부터 사들인 땅에 건설된 식민지도 있었지만, 무력으로 강탈한 땅에 세운 식민지도 있었다. 밀레투스 같은 곳에서는 그리스인이 남자를 학살하고 여자를 아내로 삼았다!

아무튼… 식민지로 이주한 그리스인은 처음에는 농사만 지었지만 잉여 생산물이 늘어나자 장사로 눈 돌리는 사람이 생겼다.

무역은 예컨대 이런 식으로 이루어졌다. 스파르타인 장사꾼이 크레타인을 바닷가로 유혹한다.

"새콤달콤한 올리브 사려! 맛이라도 보고 가요!"

처음에는 한두 번 하고는 그만둘 생각이었겠지만 보나마나 돈 벌어 오라는 부인 등쌀에 못 견뎌 밀레투스 남자들은 흑해 일원에 무역로를 개척했다.

"잔소리 안 들으니 이제 좀 살 것 같다…"

그리스 특산물은 올리브유, 도자기, 포도주였다.

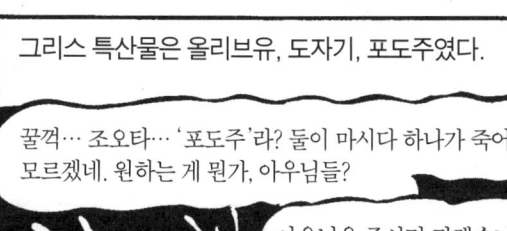

"꿀꺽… 조오타… '포도주'라? 둘이 마시다 하나가 죽어도 모르겠네. 원하는 게 뭔가, 아우님들?"

"아우님을 주시면 되겠습니다!"

그리스인은 물건값을 닥치는 대로 받았다. 특히 노예를 좋아했다!

"우, 속 쓰려! 아우야, 미안타!"

"걱정 마세요, 추장님… 다음번에는 추장님도 모셔 갈게요…"

기원전 600년이 되면 상선이 바닷길을 가득 메웠다!!

"얌마! 조심해!"

해상 무역: 낯선 항구에 도착하면 상인은 짐을 부두에 부려 놓고 배로 돌아가 숨었다.

현지 주민은 상품을 가져가고 거기에 맞먹는 물건을 내놓은 다음 재빨리 도망갔다.

물건이 제값을 하면 거래는 끝났지만 부족하다 싶으면 무역선은 제값을 받을 때까지 하염없이 기다렸다. 손해 봤다고 생각해봐야 배만 아프니까 저마다 이익을 봤다고 생각했다.

"속았지롱!!"

상선을 타고 세상 구경을 하는 과정에서 그리스인은 자기네와는 판이하게 다른 선진 문물을 접한다!!

지금까지 헛살았군!

바다 건너 페니키아 같은 선진국에서 적극적으로 문물을 받아들이기 시작했다.

페니키아인은 4부에서 이미 만난 적이 있다. 바로 티레의 가나안이라는 해안 도시를 거점으로 활동하던 사람들이었다. 그들은 자주빛 염료를 만들었고 ('페닉스'는 그리스어로 '자주색'이란 뜻), 솔로몬의 건물을 도맡아 지었고, 이세벨의 일가 친척이었으며, 바알 신을 섬겼고, 아득히 먼 옛날부터 해상 무역과 식민지 개척에 적극 나섰다.

전 관광업 같은 벤처로 승부를 걸래요, 아빠!

그래도 컴퓨터가 나올걸!

그리스인은 페니키아인으로부터 종교 철학, 조선술, 그리고 무엇보다도 알파벳을 도입했다. 그리스는 다시 한번 문자를 갖게 되었다!

짱 쉽네 뭐. 코흘리개도 알겠다야.

우린 코흘리개가 아니라서 모르는 거구먼.

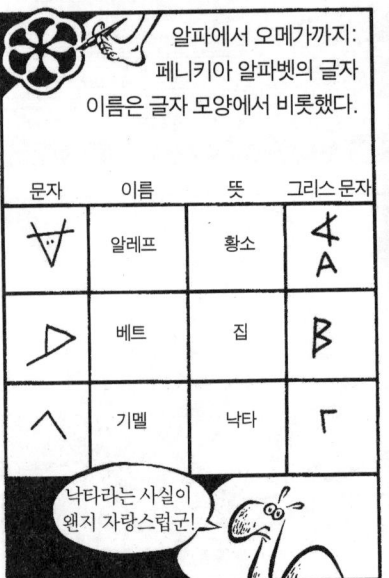

알파에서 오메가까지: 페니키아 알파벳의 글자 이름은 글자 모양에서 비롯했다.

문자	이름	뜻	그리스 문자
∀	알레프	황소	∢ A
▷	베트	집	B
∧	기멜	낙타	Γ

낙타라는 사실이 왠지 자랑스럽군!

그리스인은 알파벳을 빌려오면서 그리스어에서는 무의미한 문자 이름까지 그대로 가져왔다.

이걸 '알파'라고 한다나 뭐라나. 무조건 외워.

거꾸로 하면 소머리처럼 안 보이겠는데…

지금의 셈 문자가 그런 것처럼 페니키아 문자는 자음 일색이었으므로 그리스인은 모음의 필요성을 절감하고 몇 가지 모음을 만들었다!

음… 뭔가 빠져 있어!

어?

땅을 잃은 그리스인은 일자리를 찾아 이집트로 몰려가 파라오를 섬기기도 했다.

"아모이비코스의 아들 아르콘과 서민의 아들께서 이곳을 찾다." —아부 심벨 신전의 낙서

관광차 이집트를 찾은 그리스 사업가도 있었다.

피라미드는 안 사세요? 진짜 골동품인데!

음… 싸게 줄래?

스핑크스는 덤으로 드릴게요!

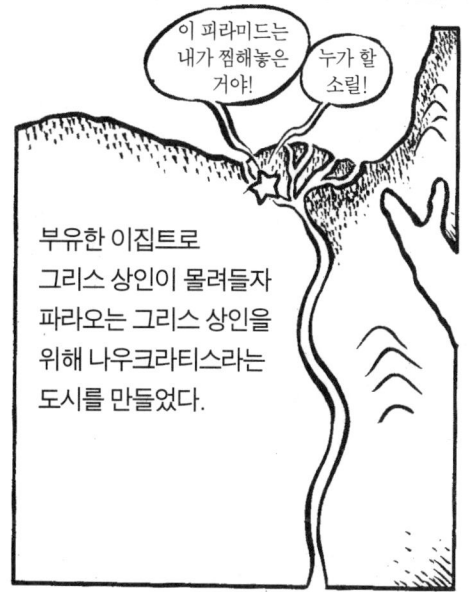

이 피라미드는 내가 찜해놓은 거야!

누가 할 소릴!

부유한 이집트로 그리스 상인이 몰려들자 파라오는 그리스 상인을 위해 나우크라티스라는 도시를 만들었다.

이집트인은 거대한 주랑을 발명했다.

그리스인은 이 주랑과 그리스 고유의 장식을 결합하여 유명한 신전을 짓기 시작했다.

국적 불명의 건축이로군, 쯧쯧…

그리스는 또 이집트의 종교와 신비주의를 받아들여 기존의 그리스 제례를 세련되게 가다듬었다. 이를테면…

그리스 북부에는 포도주의 신 디오니소스를 숭배하는 시골 사람들이 있었다. 전설에 따르면 디오니소스는 아기 때 사지가 갈기갈기 찢겼다가 기적적으로 부활했다.

그들은 거룩한 포도주를 진탕 마셔대면서 밤마다 들판을 헤집고 다녔다.

취흥에 겨워 쏘다니다가 염소나 황소, 혹은 아기 같은 디오니소스의 상징물을 만나면

그대로 갈기갈기 찢어발겼다!!

그다음에 무슨 일이 벌어졌는지는 아무도 정확히 모른다!

대부분의 그리스인에게는 이것은 너무나 무지막지한 의식이어서 디오니소스는 처음에는 별로 인기가 없었다.

"한심한 것들!"

장면은 이집트로 바뀌어서, 한 그리스 관광객이 오시리스 신의 수난극을 구경하고 있었다.

신화에 따르면 온몸이 토막난 오시리스 왕의 시신을 왕비 이시스가 수습하여 유일하게 없어진 성기를 목재 남근으로 바꾸고 미라처럼 칭칭 동여맨 다음 소생시켰다. 그리스 관광객은 여기서 힌트를 얻었다.

오시리스가 디오니소스네!

표절하지 맙시다!

그는 비장의 연출, 오시리스 인형의 행진, 신의 부활을 축하하기 위해 깔딱거리는 남근 같은 오시리스 축제를 깊이 연구했다.

우리가 후진국이니 배울 수밖에요!

그는 꿈을 안고 그리스로 돌아왔다.

타오르는 열정을 주체할 수가 없었다.

시간 내줄 거지?

어렵게 몇 사람을 끌어들여 '새로운' 디오니소스 축제를 준비하여 어느 날 발표했으니…

죽어가는 그의 가슴에선
숨을 내쉴 때마다
엉겨붙은 피가 울컥울컥
솟아나왔고…
(231쪽 참조)

이집트에서 그랬지만 그리스 연극에서도 끔찍한 장면을 삭제하지 않았다. 특히 아테네의 디오니소스 축제에서는 아가멤논, 오이디푸스, 이피게니아 같은 과거와 현재의 끔찍한 연극이 절찬리에 공연되었다. 아테네 사람들은 이런 연극을 '트라그-오이다(TRAG-OIDA)' 곧 '염소-노래'라고 불렀다. 비극을 뜻하는 영어 단어 트래지디도 여기서 유래했다. 능지처참당한 이집트 신의 유산이 말에 남아 있는 것이다!!

엉엉! 가슴이 갈기갈기 찢어지는 것 같네요!

디오니소스 주신제와 행진의 배경에는 오르페우스교라는 신비 종교가 있었다. 기원전 500년경 누군가가 쓴 '거룩한 시'가 전설적인 오르페우스의 작품으로 퍼져나갔다.

잉크가 아직 젖어 있지 않은가!
그만큼 절절한 게지!

줄거리: 대지는 티탄(거인족)을 낳고 티탄은 제우스를 낳았으며 제우스는 디오니소스를 낳았다. 디오니소스의 살은 질투에 눈이 먼

티탄에게 먹혔으니… 제우스는 벼락으로 티탄을 일망타진했는데 그 잿더미에서 인간이 생겼다.

핵심: 인간은 땅의 기운과 하늘의 기운이 반씩 섞인 존재다. 땅의 기운은 티탄에서 나왔고 하늘의 기운은 티탄이 먹어 치운 디오니소스에서 나왔다. 인간 몸엔 하늘의 기운도 있으므로 영생을 누릴 수 있다!

말 되네!!

죽기 전에는 이 말이 사실인지 확인할 수 없으니 영원히 우려먹을 수 있지롱!

철학이 꽃피는 도시

밀레투스에서 사상가로 처음 발돋움한 사람은 페니키아 출신의 탈레스(기원전 640~546년)였다.

또 그림자를 재서 대피라미드의 높이를 재는가 하면… 이오니아 식민도시들의 연합정부를 제안했다가 퇴짜맞았고… 밀레투스에 있는 올리브 짜는 기계를 모두 예약하여 올리브유 시장을 뒤흔들어놓았다. 사변가 못지않게 투기꾼의 자질이 다분히 있었다.

왜 이런 주장이 대단하냐고? 이 이오니아 철학자들은 신을 언급하지 않고 우주의 이치를 따졌기 때문이다!! 그 점이 참신했다!

그렇다고 해서 이 철학자들이 종교를 등진 건 아니다! 피타고라스가 좋은 예다.

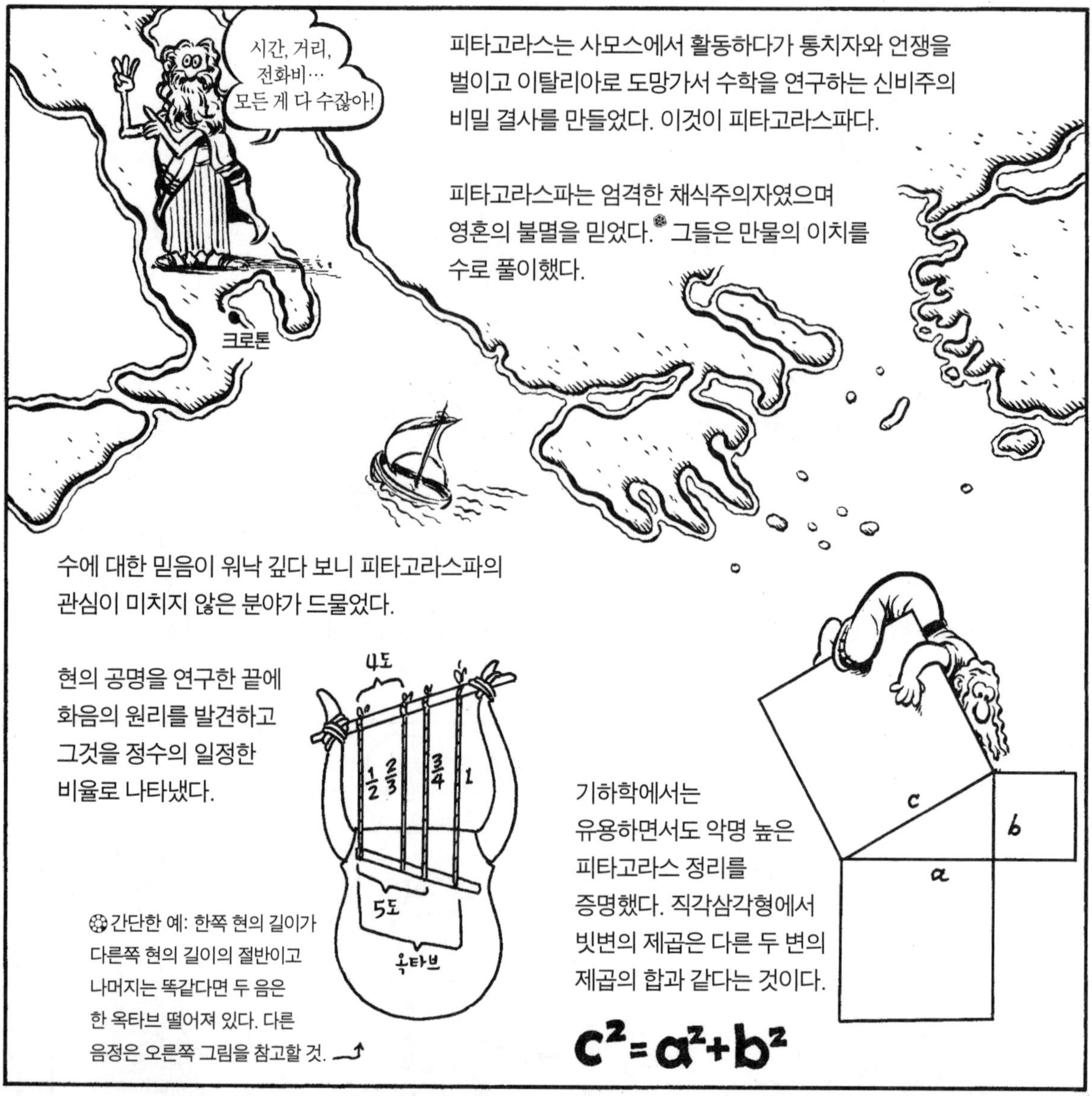

피타고라스는 사모스에서 활동하다가 통치자와 언쟁을 벌이고 이탈리아로 도망가서 수학을 연구하는 신비주의 비밀 결사를 만들었다. 이것이 피타고라스파다.

피타고라스파는 엄격한 채식주의자였으며 영혼의 불멸을 믿었다.※ 그들은 만물의 이치를 수로 풀이했다.

수에 대한 믿음이 워낙 깊다 보니 피타고라스파의 관심이 미치지 않은 분야가 드물었다.

현의 공명을 연구한 끝에 화음의 원리를 발견하고 그것을 정수의 일정한 비율로 나타냈다.

❀ 간단한 예: 한쪽 현의 길이가 다른쪽 현의 길이의 절반이고 나머지는 똑같다면 두 음은 한 옥타브 떨어져 있다. 다른 음정은 오른쪽 그림을 참고할 것.

기하학에서는 유용하면서도 악명 높은 피타고라스 정리를 증명했다. 직각삼각형에서 빗변의 제곱은 다른 두 변의 제곱의 합과 같다는 것이다.

$$c^2 = a^2 + b^2$$

여기까지는 이집트인과 바빌로니아인이
천년 전부터 연구해온 수학과 다를 바 없다. 하지만…

피타고라스는 남다른 점이 있었다.
직각삼각형의 두 변이 1이라고 하면…
빗변 c는? 정리에 따르면,

$$c^2 = a^2 + b^2 = 1^2 + 1^2$$

따라서 $c^2 = 2$

답은 $\sqrt{2}$, 다시 말해서 2의 '제곱근'이었다. 하지만 이것은 대체 어떤 종류의 수란 말인가? 피타고라스는 삼각형의 다른 변과 조화로운 관계를 맺는 수인지 자문하지 않을 수 없었다. 즉,

$\sqrt{2}$는 정수의 비율인가?

피타고라스의 자세한 추론은 생략하겠다. 복잡해서가 아니라 지면이 부족해서다.
아무튼 피타고라스는 자기 나름의 확실한 결론을 내렸다.

아니다!

$\sqrt{2}$는 3/2도 아니고 14142/10000도 아니다.
정수와 정수의 비로 나타낼 수 있는 수가 아니다.
즉 "수가 만물이다"라는 믿음을 고수하려면
수의 범위를 정수나 분수를 넘어서는 영역으로
확대하지 않을 수 없었다! 피타고라스는
무리수의 존재를 증명한 것이다.
$\sqrt{2}, \sqrt{3}, e, \pi, \sqrt{5}$ 기타 등등…

피타고라스는 정말로 뭔가 새로운 일을 한 걸까?
진정 새로운 질문을 던진 걸까? 본인은 그렇다고 확신했다!
피타고라스는 너무나 자랑스러운 나머지 신에게
소 100마리를 제물로 바쳤다!!

무리하셨군!

도축 이야기는 이 정도로 그치고.
다음은 페르시아로 넘어간다.
페르시아 왕 키루스는 관습에 따라
불 앞에서 기도를 올리면서
제국 건설의 야심을 불태운다.

이집트, 가나안, 시리아, 아시리아,
아르메니아, 바빌로니아, 이란,
아프가니스탄, 인도, 소아시아…
키루스 덕분에 페르시아는
이 방대한 땅을 하나로 아우르는
최초의 제국이 된다.

페르시아 제국의 군대가
그리스에 도착했을 때
과연 어떤 일이 벌어졌을까?
6부에서 알아보자.

다음은, 세계와 세계의 대격돌!

INTRODUCTION

6
지중해와 오리엔트의 한판 승부

델피의 신탁은 원래 대지신 가이아가 관할했지만 태양신 아폴론과 그 추종 세력이 가이아의 오른팔이었던 피톤이라는 큰 뱀을 죽이고 앞날을 내다보는 이 신전을 차지했다. 적어도 신화에서는 그렇게 말한다.

크로이소스와 키루스

기원전 550년경 리디아의 크로이소스 왕은 신에게 바칠 금은보화를 가득 실어 델피로 보냈다. 6톤이나 되는 금괴, 황금 사자, 어마어마하게 큰 은그릇 하나와 금그릇 하나, 커다란 은궤 네 짝, 금은으로 된 물뿌리개, 순금상이었다.

짐을 푼 다음 리디아 사람들은 신탁을 맡은 여제관에게 가서 물었다.

"크로이소스가 페르시아를 침공해도 되나요?"

신전 깊숙한 곳으로부터 피티아라는 여제관에게 메시지가 전달되었다.

대답을 하기 전에 피티아는 월계수 잎 타는 연기를 깊숙이 들이마셨다.

하늘에서 영감이 올 때까지!

어떤 사람들은 피티아가 바위 틈새로 불어오는 산들바람에 섞여 있던 신들의 속삭임을 들었다고 한다.
(직접 들은 게 아니라 주워들었다는 뜻이다.)

"쑥덕 쑥덕"

한편 리디아 왕 크로이소스는 걱정이 태산이었다! 그는 이오니아의 그리스 도시들을 포함하여 소아시아 서부를 장악한 왕으로, 억만장자였다. 화폐도 그의 집안에서 발명한 것이었다!

문제는 바로 옆에 있던 메디아 왕이 크로이소스의 친척이었는데 페르시아인이라는 정체 불명의 종족에게 밀려났다는 사실이었다.

크로이소스는 복수를 해줘야 할 처지였지만 잃을 것이 너무 많았다. 그래서 델피로 사람을 보내 초조하게 답을 기다렸다.

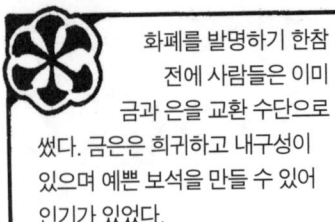

화폐를 발명하기 한참 전에 사람들은 이미 금과 은을 교환 수단으로 썼다. 금은은 희귀하고 내구성이 있으며 예쁜 보석을 만들 수 있어 인기가 있었다.

금이 진짜인지 가짜인지 어찌 알까? 깨물어보면 안다!(순금은 말랑말랑하니까.)

기원전 700년경 리디아 왕들은 순금임을 보증하기 위해 옥새를 금덩어리에 꾹 눌러 박았다. 이것이 최초의 경화다.

요즘 경화는 다 합금이다. 지폐는 종이조각에 불과하다. 정부가 약속하는 것이다. 무슨 약속?

다니엘의 예언

페르시아는 이제 바빌론을 넘보았다. 네부카드네자르가 재건한 바빌론은 공중 정원, 이슈타르 문, 지구라트, 궁전 등 전보다 더 근사했다.

벽돌 집은 사방으로 뻗어나갔고 이 안에서 4부에 마지막으로 보았던 유대인도 살고 있었다!

성서에 따르면 황태자 벨사자르는 만찬장에서 우연히 벽에 쓰인 글씨를 보고, 학식 있는 유대인을 불러 해석을 청했는데

이 사람이 예언자 다니엘이었다.

"메네 메네 테켈 우파르신!"

해석:

메네: "무게를 달았는데"

테켈: "부족했다"

우파르신: "파라시들이 (페르시아인)"

천사가 열 받아서 쓴 글씨라고 보면 되는거야!!

천사? 천사가 뭐야? 열 받을 일이 뭘까…

저러니 속 터지지!

대제국 페르시아

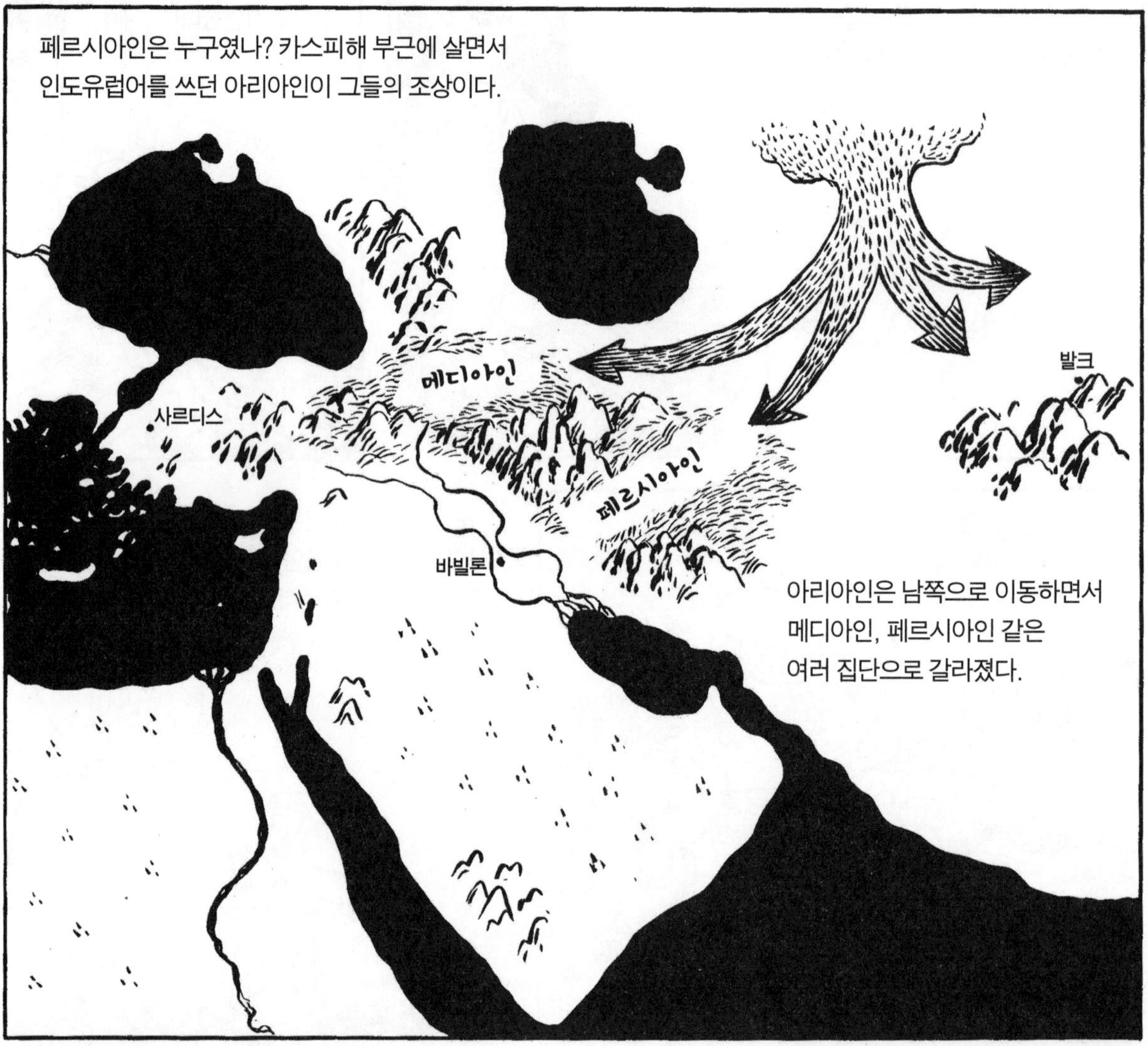

페르시아인은 누구였나? 카스피해 부근에 살면서 인도유럽어를 쓰던 아리아인이 그들의 조상이다.

아리아인은 남쪽으로 이동하면서 메디아인, 페르시아인 같은 여러 집단으로 갈라졌다.

아시리아 영토에서 살던 메디아인은 문화가 앞서 있었지만 페르시아인은 아직 미개했다.

"아직도 이상한 천막집에서 뒹굴고 먼지 범벅에다 옷은 생전 가야 안 갈아 입고! 어휴!"

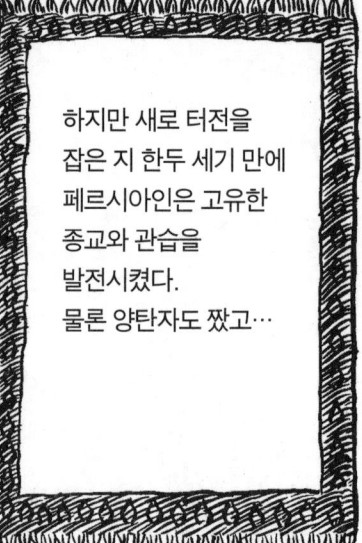

하지만 새로 터전을 잡은 지 한두 세기 만에 페르시아인은 고유한 종교와 관습을 발전시켰다. 물론 양탄자도 짰고…

발크 출신의 차라투스트라가 퍼뜨린 페르시아 종교는 세상을 선과 악으로 양분했다.

선은 아후라 마즈다라는 광명의 신과 하나였고, 악은 어둠이었다.

사람이 죽으면 화장하거나 매장하지 않고 그냥 비바람에 놔두었다.

사제는 마기라고 불렀다. 마술을 뜻하는 '매직'이라는 말도 여기서 유래했다.

거짓말을 하면 엄벌을 받았다. 잘못을 저지르면 이실직고해야 했다.

술 먹고 내린 결정은 맑은 정신으로 재고하는 풍습이 있었다. 맑은 정신으로 내린 결정을 술 먹고 뒤집는 경우가 더 많았지만.

상행위는 엄격히 통제되었다. 그리스는 시장이 발달했다는 말을 듣고 키루스가 한 말,

이민족을 정복하고 돌아오면서 페르시아인은 온갖 나무와 꽃을 가져와 파이리다에자라는 정원에 심었다. 낙원을 뜻하는 '파라다이스'는 여기서 나온 말이다.

페르시아 제국은 키루스 황제의 정복 전쟁과 함께 시작되었다.

기원전 549년 그는 사촌뻘이었던 메디아 왕국을 무너뜨렸다.

메디아 왕은 한 귀족의 아들을 저녁 식사로 삶아 먹어 백성의 신망을 잃은 상태였다. 아무도 그를 위해 싸우러 나서지 않았다.

앞에서도 나왔지만 이 전쟁으로 리디아의 크로이소스 왕도 알거지가 되었다.

리디아, 이오니아, 바빌로니아를 연파한 키루스는 동방에도 눈독을 들였다.

그는 중앙아시아에서 전사했다.
그가 묻힌 초라한 무덤은 지금도 이란에 남아 있다.

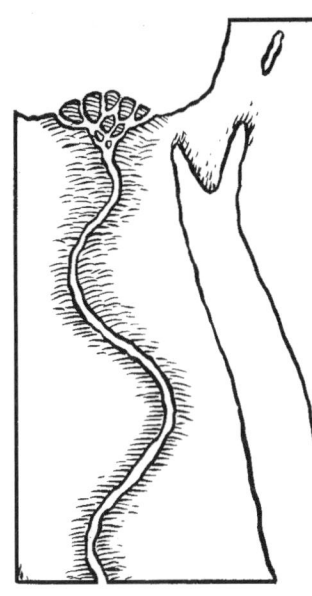

키루스의 아들 캄비세스는 이집트를 제국에 편입시킨 다음 미쳐서 죽었다. 그는 진취적이며 잔인한 왕이었다. 아라비아 사막을 횡단하면서 숱한 일화를 남겼지만 여기서는 지면 관계상 생략한다.
(자세한 내용은 헤로도토스의 책에 다 나와 있음.)

이렇게 해서 천년 동안 이어졌던 이집트의 독립도 끝이 났다.

캄비세스가 죽고 나서 페르시아는 두 명의 마기가 다스렸지만 이들도 얼마 뒤 일곱 명의 귀족에 의해 살해당했다.

귀족 7인방은 밀약을 맺었다.

내일 아침 동이 틀 무렵 제일 먼저 우는 말의 주인에게 왕위를 넘긴다.

그날 밤 하인 하나가 몰래 마굿간을 찾아 암말의 변을 받았고…

결국 다리우스가 페르시아 왕으로 등극했다!!

이오니아의 반란

이오니아의 도시에서 시작된 반란이 화근이었다.

5부를 읽은 독자는 기억하겠지만 소아시아의 일부분인 이오니아에는 기원전 1000년경부터 그리스인이 모여 살았다.

기원전 600년대와 500년대에 이오니아는 잘나갔다. '참주'라고 불리던 지배자들이 무역을 키우고, 처음으로 그리스 철학자를 모셔다가 머리 쓰는 법을 배웠기 때문이다.

머릿결은 좋으시네!

기원전 560년경 이오니아는 크로이소스에 의해 리디아 영토가 되었다가 20년 뒤에는 다시 페르시아 제국으로 편입되었다.

이오니아의 철학자들에게는 동방의 학문에 접할 수 있는 좋은 기회였다.

우주의 근본은 하나라는 생각도 이오니아 철학에는 없었던 발상이었다.

신은 하나고, 형상이 없거덩…

웃기구 자빠졌네! 그럼 덥수룩한 제우스의 수염, 아테나가 데리고 다니는 올빼미, 아폴론 왼팔에 난 사마귀는 어찌 되는 거야?

페르시아 제국이 벌이는 전쟁에 끊임없이 동원되었으니 일반 백성은 죽을 맛이었다.

캄비세스의 이집트 원정이 있었고,

피를 마시고 대마초를 피우면서 말을 타고 초원을 누비던 스키타이인을 토벌하러 다리우스는 도나우 강을 건넜다. 다리우스의 군대는 간신히 전멸을 면했고 상당수의 병사가 낙오되었다!

불운은 그치지 않았다. 낙소스 섬 원정에서도 페르시아는 별 재미를 못 보았다. 민주제를 무너뜨리고 귀족제로 후퇴시키려는 의도에서 비롯된 원정이었으므로 병사들은 탐탁지 않게 여겼다.

거기다가 월급이 제대로 지불되지 않자 병사들은 폭동을 일으켰다.

원정 실패의 책임은 밀레투스 총독 아리스타고라스에게 있었다. 페르시아에 밉보인 그는 돌연 민주주의자로 돌변하여 반란을 일으켰다!

그는 총독에서 물러나 권력을 민중에게 송두리째 넘겼다! 민중은 페르시아 수비대를 몰살시켰다.

반란 세력의 힘을 더 키우려고 아리스타고라스는 도움을 청하러 그리스로 갔다.

아테네는 1000명의 무장 보병을 보냈다.

아테네와 이오니아 군은 사르디스 강을 거슬러 올라가 수도를 잿더미로 만들었다.

말을 가져와! 폐하께 알려야 한다!

태수 엉덩이에 불이 붙었어!

소식을 들은 다리우스는 어이없어했다.

아테네? 걔들이 누구래?

다리우스는 하늘로 화살을 쏘았다. "아테네를 응징하도록 허락하소서" 라는 기도와 함께.

야~옹

그래도 다리우스는 아테네가 어디 붙었는지 자꾸만 까먹었다! 과연, 아테네는 어떤 나라였을까?

전하, 아테네를 잊으셨사옵니까?

응.

아테네 성장사

다른 그리스인과는 달리 아테네인은 한곳에 눌러붙어 살았다. 아테나 여신이 수호신이었던 아테네와 그 주변의 아티카 들판은 도자기 굽는 데나 알맞은 형편없는 흙으로 유명했다.

트로이 전쟁의 후유증으로 인한 살육과 이동으로 그리스 전역이 시끌거렸지만 아테네는 무사했다.

에게 해를 건너 이오니아에 열두 도시를 건설한 아테네인도 있었다. 훗날 아테네 여인을 통해 이오니아 양식이 아테네로 유입되었다.

이야기인즉슨, 전쟁에 나갔던 아테네 병사들이 전멸하고 단 한 명만 살아 돌아와 불행한 소식을 전했다.

반가운 소식도 있어요. 나는 살았다는 거!

비통함에 빠진 과부들은 핀을 하나씩 빼들고 생존한 군인을 콕콕 찔러 죽였다!

그때부터 아테네 여인은 핀이 안 달린 이오니아 가운을 입었다고 한다!

좀 입어보세요! 이것도 이오니아에서 요즘 유행하는 옷이라니깐! 제발!

멀쩡한 사람을 노예로 만드는 불법 행위를 금지하기 위해 격론을 벌였다.

사람들은 노예 제도 자체에 분개한 것이 아니라 이유야 어찌 되었든지간에 아테네 시민을 노예로 만든다는 사실에 분개했다!

노예를 부려도 시원치 않을 판에 노예가 뭡니까!

옳소.

진보적 생각을 갖고 있었던 솔론이라는 지주가 모두를 만족시킬 수 있는 법을 만들기 위해 나섰다.

솔론은 부채를 탕감하여 노예가 된 아테네 시민을 자유인으로 만들고 재산이 있건 없건 모든 성인 남자에게 투표권을 줌으로써 부자들한테 욕을 바가지로 얻어먹었다. 그런가 하면 땅을 되돌려주지 않고 높은 자리엔 전부 부자들만 앉혔다고 가난한 사람들한테서도 욕을 먹었다.

나쁜 놈!

사기꾼!

하도 욕을 먹어서 10년 동안 아테네를 떠났다.

니들끼리 잘해보세요!

해안의 신흥 지주와 내륙의 토착 지주 사이의 갈등은 더욱 깊어갔다!

주먹 앞에서는 법도 소용없다는 거 잘 알면서!

요란하게 행차했지만 아테네 사람들은 피시스트라토스와 그 떨거지들을 쫓아냈다.

피시스트라토스는 금광에 투자하여 벌어들인 돈으로 막강한 사병을 키워 아테네로 다시 갔다.

546년 피시스트라토스는 아테네의 참주가 되었다. 참주는 비합법적 수단으로 권력을 쥔 사람을 말한다.

참주는 오랜 반목을 끝내고 적을 소탕했으며 가난한 사람들에게 땅을 되돌려주었다. 솔론의 법을 엄격히 집행했고, 포도 재배를 장려했다. 디오니소스 축제와 연극도 적극 지원했고 포도주를 아테네의 주요 수출품으로 육성했다.

16년 동안 참주의 독재 아래 있으면서 아티카는 안정을 찾았다. 경제 성장과 함께 늘어난 중산층이 사회 안정의 버팀목이 되었다.

피시스트라토스가 죽자 두 아들 히피아스와 히파르코스는 공동 참주가 되었지만 히파르코스는 살해당했다.

히피아스는 피해망상에 걸려 무조건 탄압하고 잡아들였다!!

외국으로 추방된 아테네 사람들은 참주를 몰아내려 계략을 꾸몄다.
악랄한 군사 독재를 무너뜨리는 묘책이 없을까?
우리도 악랄한 군사 독재로 나가는 거지 뭐.
만장일치로 그리스에서 가장 군사력이 강한 스파르타의 도움을 청하기로 했다. 문제는 스파르타를 어떻게 구워삶는가였다.
스파르타 애들은 원래 종교에 약하잖아.
신들 말이라면 꼼짝 못할 걸.
우리 같은 사람이 어떻게 감히 지엄한 신들더러 이래라 저래라 할 수 있는감?
사제한테 뇌물을 먹이자고!
아테네 망명객들은 델피에 새로 들어서는 눈부신 대리석 신전에 돈을 억수로 퍼부었다. 공사가 진행되는 동안 피티아를 비롯한 여러 사제를 은근히 구워삶았다.
?
신탁을 청하러 온 스파르타 사람들은 하나같이 이상야릇한 말을 듣기 시작했다!
아테네를 해방하라!
내가요?
그래서 스파르타는 아테네를 해방시켰다.
그러고는 아테네를 아테네인에게 맡기고 아무 일도 없었다는 듯이 고국으로 돌아갔다. 그러자 오랜 반목이 재연되었다!
빨갱이!
수구 꼴통!*
안녕
* 보수파

으레 벌어지는 싸움이었다. 부자는 정부 권력을 독차지하려고 했고, 피시스트라토스 밑에서 힘을 키운 하층민은 민회가 다스리는 민주주의를 주장했다.

귀족당은 스파르타를 불러들여 쿠데타를 일으키고 민주제로 쏠렸던 700개 집안을 추방했다.

우리가 너무 노골적으로 쏠렸나봐…

버르장머리 없는 것들…

하지만 그들은 다시 전열을 가다듬어 단단히 무장하고 스파르타인과 귀족이 버티고 있는 아크로폴리스를 봉쇄했다.

스파르타인에게는 퇴로를 열어주었지만 민주주의를 거부하는 귀족은 남김없이 죽였다.

민주주의를 압살하는 놈들을 민주적으로 대해 주면 꼭 기어오르거든요!

이 피비린내 나는 아테네 혁명을 통해 비로소 민주제가 확립되었다. 이 민주 정부가 어떻게 굴러갔는지는 나중에 설명하기로 하고, 일단은 참주가 솔론의 개혁안을 확실히 밀어붙인 덕분에 아테네는 먹고사는 데 지장이 없는 막강한 보병을 거느리게 되었다는 것만 알아두자.

막강해진 아테네 군대는 과거의 원수를 갚기로 했다.(아테네는 대부분 그리스 도시국가가 그랬지만 모든 이웃과 사이가 안 좋았다.)

저벅저벅 저벅저벅 저벅저벅…

다 나오라 그래!

코린토스를 무찌르고…

테베…

아이기나…

에우보이아…

모조리 격파했다! 스파르타까지 겁을 먹었다!

우린 어떡해!

이오니아가 페르시아에 반란을 일으키면서 아테네의 도움을 요청한 것은 이 무렵이었다.

우리도 민주주의 덕 좀 봅세그려!

승승장구하던 아테네는 흔쾌히 응하고 사르디스를 불태웠다.

다리우스는 소화불량에 걸렸다!!

이제는 아테네를 아시죠?

그래.

부글 부글

페이디피데스의 마라톤

때는 기원전 490년. 다리우스의 해군은 이오니아의 반란을 진압했다. 밀레투스도 토벌하여 노예로 삼았다. 하지만 놀랍게도 다리우스는 이오니아인이 민주정을 유지하는 데 반대하지 않았다.

세금만 꼬박꼬박 바치면 별짓을 다 해도 난 상관 안 해요!!

이어 페르시아 해군은 원수를 갚으러 아테네 원정을 떠났다!

그런데 에게 해의 거센 풍랑에 배들이 침몰했다.

하지만 페르시아는 포기하지 않았다. 이번에는 피시스트라토스의 아들 히피아스가 지휘하는 3만 명의 페르시아 군대가 아테네 부근의 마라톤 벌판에 상륙했다.

싸울 기력도 없네…

기원전 493년, 프리니코스라는 극작가가 이오니아 봉기를 주제로 삼아 『밀레투스 함락』이란 작품을 썼다. 아테네 관객의 심기를 불편하게 만든 내용이라서 프리니코스는 많은 벌금을 물었다.

프리니코스 소식 들었는가?

비극이 따로 없어!

그때부터 아테네의 비극 작가들은 정치적으로 민감한 문제는 다루지 않고 신화와 전설만을 작품의 소재로 삼았다.

나 소포클레스가 왜 오이디푸스를 주인공으로 삼았는지 알아? 명예훼손으로 고소당할까봐 걱정 안 해도 되거든!

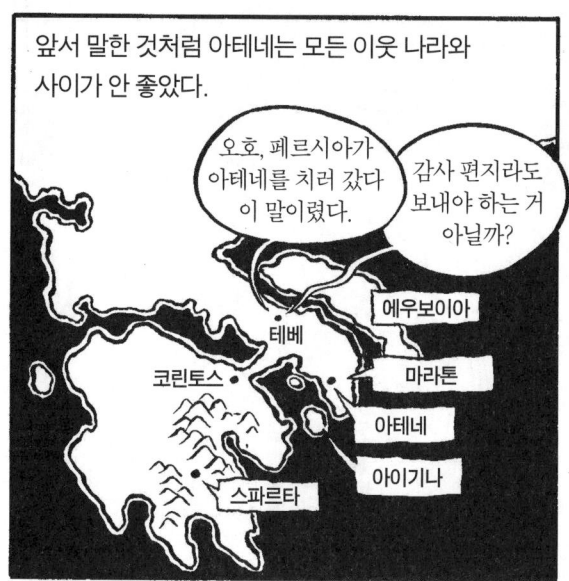

일대 격전이 벌어졌다!!

역사가들은 그리스가 마라톤 전투에서 이긴 것은 집과 생명을 지키기 위해 악착같이 싸웠기 때문이라고 즐겨 말하지만, 페르시아가 싸워서 물리쳤던 이민족들도 마찬가지로 집과 생명을 지키기 위해 악착같이 싸웠는데도 졌다.

아테네 병사는 배불리 먹을 수 있었고 무기도 좋았으며 이웃 나라들과 하도 싸움을 많이 벌여서 실전 경험도 많았다는 데서 승인을 찾는 것이 더 정확한지도 모른다. 아무튼 싸움을 시작한 지 몇 시간 만에 페르시아 병사들은 줄행랑을 놓았다!

전투가 끝났을 때 페르시아 측 전사자는 6400명, 아테네 측은 겨우 192명이었다. 이것은 당국의 뻥튀기 집계가 아니라 사실로 확인된 숫자인 듯하다.

며칠 뒤 스파르타 지원군이 와서 승리를 축하하고 총총히 떠났다.

그리스 막강 해군의 비밀

수사에서 이 패전 소식을 들은 다리우스는 기절초풍하여 이집트에서 인도까지 모든 태수를 소집하여 대규모 그리스 침공 준비에 들어갔다!!

보급 기지를 만들고 장병을 뽑아 훈련시키는 데 장장 3년이라는 세월이 흘렀다.

기원전 486년 다리우스가 아들 크세르크세스에게 왕위를 넘겼다.

크세르크세스는 이집트에서 일어난 반란을 진압하느라고 몇 년 동안 그리스는 잊고 지냈다.

한편 아테네에서는 마라톤 전투의 영웅 밀티아데스가 공금을 횡령한 혐의로 체포되었다가 감옥에서 피부가 썩어들어가는 병에 걸려 죽었다. 아테네인은 운명의 변덕을 실감했다. (밖에서는 아테네인의 변덕을 절감했다.)

민주주의를 등에 업고 새로운 지도자가 나타났다. 귀족이 아니라 야채상의 아들이었던 테미스토클레스였다.

비좁은 갱도에서 하루 두 번 교대로 열두 시간씩 노예들이 일하던 아테네의 은광에서 대박이 터졌다. 질 좋은 은맥을 발견한 것이다.

횡재한 금을 그냥 나눠서 쓰자는 의견도 있었지만 테미스토클레스는 이것으로 군함을 만들자고 제안했다. 그는 반대파를 모조리 도편추방하고 뜻을 관철시켰다.

군함만 있으면 우리가 몽땅 먹을 수 있거든!

기원전 480년 아테네는 거대한 조선소를 여러 개 지어 노가 3단으로 장착된 200척의 군함을 만들었다. 아테네를 제외한 그리스의 모든 군함과 맞먹는 숫자였다!!

아테네 법에 따르면 아테네 국민은 한 해에 한 명의 시민을 무슨 죄목으로든 다수결로 추방할 수 있는 권리가 있었다.

내가 뭔 짓을 했다고?

뭔 짓은. 그냥 얄미워서 그러는 거지 모…

도편, 즉 도자기 파편에 추방자의 이름을 적어 넣는다고 해서 이것을 도편추방이라고 불렀다.

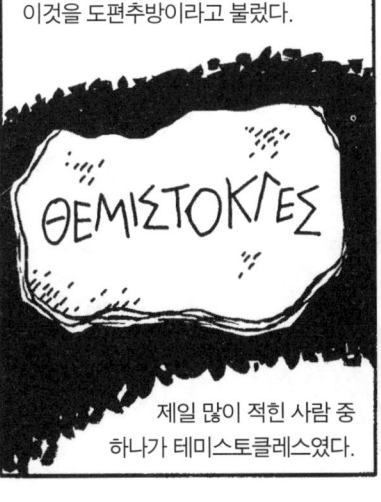

제일 많이 적힌 사람 중 하나가 테미스토클레스였다.

10년만 지나면 아무 일도 없었다는 듯이 받아들여주었다.

친구야, 보고 싶었네!

섭섭하면 또 보내주지!

살라미스 해전 승전보

한편, 수백 척의 배를 이어 붙여 다리를 만들었지만 강풍이 부는 바람에 엉망이 되었다.

크세르크세스는 책임자의 목을 베고 새 사람을 앉혔다.

실수하면 이렇게 된다!

오죽 다급했으면 물에다 채찍질을 하고 욕설을 퍼부었다.

아야! 엄마!

다리는 새로 지었다.
굵기가 1미터 가까이 되는 아마와 파피루스 밧줄로 군함들을 고정했다. 그 위에 널빤지를 깔고 흙을 덮었으며 말이 바닷물을 보고 겁먹지 않도록 방벽도 올렸다.

어마어마한 병력이었다.
고대인의 기록으로는 수백만, 현대 역사가들의 추산에 따르면 수십만이었다. 여기다가 하인, 부인, 첩, 잡역부, 그리고 짐을 실어나르는 낙타까지 포함하면…

물 한 모금 마시는 것도 장난이 아니었다!!!

빨리 좀 마시라고!

기원전 480년 봄, 페르시아 군대는 사르디스를 출발했다. 크세르크세스는 1000명의 기병대 중앙에 자리를 잡았고, 앞뒤를 또 각각 1000명의 기병대가 에워쌌다. 왕의 수비대인 '불사조' 부대 1만 명도 석류 열매 모양의 금과 은이 달린 창을 들고 따라나섰다.

트로이 부근에서 강을 만났지만 물 한 모금 마실 수 없게 바짝 말라 있었다.

겨우 헬레스폰트에 도착한 크세르크세스는 대오를 점검하고 원정을 내내 반대했던 늙은 삼촌 아르타바누스와 담소를 나누었다.

삼촌, 어찌 생각하세요?

이 세상에서 가장 무서운 두 힘이 폐하를 돕지 않으니 걱정이 태산이옵니다.

그게 뭘까요?

땅과 바다이옵니다!

이 많은 사람이 백 년 뒤에는 모두 죽는다는 걸 생각하고 크세르크세스는 울었다고 한다.

다리를 군대가 전부 건너는 데만 꼬박 일주일이 걸렸다. 페르시아 군대는 강물을 모조리 마시고 눈에 보이는 것은 닥치는 대로 먹어치우며 그리스로 진격했다.

나도 진작에 군대나 갈걸!

어그적 어그적

델피의 신탁은 길길이 날뛰었다!

장하도다 살라미스, 너는 알곡이 흩어지고 추수가 시작될 때 여자의 아들들을 죽음에 빠뜨리리라!

아테네에서 테미스토클레스는 이걸 유리하게만 해석하느라 바빴다.

내 가명이 살라미스인 거 아시나들?

살라미스는 섬 이름인데?

소시지 이름 아닌가?

싸움이라면 지긋지긋해!

대부분의 그리스 도시는 항복의 표시로 페르시아 군대에게 육로와 해로를 열어주었다.

아테네와 스파르타는 반역자들은 나중에 다스리기로 하고 일단 결사 항전을 다짐했다.

끄윽! (트림 소리)

아르테미시온

테르모필레

델피

지협

아테네

살라미스

펠로폰네소스

스파르타

그리스 해군이 아르테미시온 해협에서 적을 저지하는 동안 육군은 펠로폰네소스로 이어지는 지협의 방어를 강화한다는 전략이었다.

테르모필레에 선발대로 도착한 페르시아 정찰병은 방벽과 2000여 명의 보병을 발견했다. 그중에는 머리를 꼰 300명의 스파르타 병사도 있었다.

크세르크세스의 밑에 있던 스파르타 출신의 망명객은 그것은 죽음을 각오하겠다는 뜻이라고 설명했다.

머리 꼬는 거 하고 죽는 게 무슨 상관?

듣고 보니 그렇네요.

크세르크세스는 절대로 서두르지 않는 사람이라서 며칠 동안 말미를 주었지만 그리스 병사들은 요지부동이었다.

휴, 착하게 살고 싶었는데…

결국 공격 명령을 내렸다.

그런데 최정예 부대를 투입했는데도 번번이 깨졌다.

크세르크세스는 테르모필레 너머로 가는 또 다른 산길이 있다는 소리를 듣고 그리스를 배신하고 페르시아로 붙은 에피알테스라는 그리스인을 앞세워 화살 부대를 보낸다.

촌스럽게 애국이 뭐야! 글로벌 시대에!

그리스 척후병은 적의 심상치 않은 동태를 포착했다.

우리를 포위하고 있다!

스파르타 장군 레오니데스는 300명의 스파르타 병사와 900명의 하인만 남기고 나머지는 고향으로 돌려보냈다.

걍 죽어버리자!
갑옷 가져와!

페르시아 병사는 채찍을 맞아가면서 아래를 공격했다. 화살이 하늘을 덮었다. 스파르타 군은 창과 칼로 버티다가 나중에는 맨주먹으로 싸웠지만 결국 전멸당했다.

페르시아는 비록 이겼지만 적의 집요한 저항에 간담이 서늘해졌다!

머리 꼬더니 정말 몽땅 죽었네.

역사는 주인과 함께 죽은 900명의 하인은 기억하지 않는다.
이 전투는 '300인의 결사 항전'으로 불리는 것이다.

앤 좀 빼주세요!

같은 날 아르테미시온에서는 해군이 맞붙었다.

막대한 피해를 입은 그리스 해군은 아테네 부근에 있던 살라미스 섬 해안으로 후퇴하는 수밖에 없었다.

♪ 이 풍진 세상을 만났으니 너의 희망이 무엇이냐… ♪
에헤야 데헤야!

크세르크세스와 아테네는 정면 승부가 불가피했다.

아테네 사람들은 당연히 회의를 열었다. 문제는 남아 싸울 것이냐 달아날 것이냐였다.

난 남아서 항복할래!

밀티아데스의 아들 키몬은 기병대의 마구를 신전에 갖다놓는 상징적 행사를 벌였다. 육지에서는 붙지 않고 해전에서 승부를 가리겠다는 의지의 표현이었다.

아크로폴리스에 진을 친 소수의 결사항전파를 제외하고는 모두 아테네를 비웠다.

해군 떨거지들이 주인공으로 나서는 게 너무 억울하지만… 솔직히 우린 좀 딸려요…

동이 터오자 그리스 해군은 한 줄로 진격했다. 스파르타 전함이 앞장서고 그다음이 연합군, 맨 뒤가 200척의 아테네 군함이었다.

노가 3단으로 달린 아테네 군함은 페니키아나 이집트 배보다 무겁고 둔했지만 대신 튼튼했고 아래쪽에 '부리'라는 무서운 공격 무기를 장착하고 있었다.

작전은 적을 비좁은 수역으로 끌어들인다는 것이었다. 그리스 함대는 뱃머리를 적 쪽으로 향하고 기다렸다.

페르시아 해군이 진격하면 그리스 함대는 조금씩 물러나면서 U자형의 방어진을 만들었다.

그리스 함대가 거의 해변에 닿았을 무렵 살라미스에서 외마디 고함이 들렸다!

더이상은 안 돼! 그만 물러서!

바로 그때 그리스 함대는 공격을 시작했다.

우르르

부근 언덕에서 싸움을 지켜보던 크세르크세스는 가장 용맹한 장수와 가장 소심한 장수의 이름을 잇따라 부르며 포상을 하거나 목을 베겠다면서 발을 동동 굴렀다.

제독! 제독! 제독!

노를 저어라!
으윽!
돌진!
야, 같은 편이잖아!
속도를 죽여, 머저리야!
옥신각신
우지끈
쾅

페르시아 해군의 문제점은 금세 드러났다.
왕에게 잘 보이기 위해 힘차게 돌격하는 군함과 망가져서 퇴각하려는 군함이 뒤엉켜 아수라장을 연출했다.

페르시아 해군은 오후쯤에는 전멸 상태였다.

목을 벨 놈이라도 남았으면...

쨍강 푹
꼬르륵 꼬르륵
아악 첨벙
뚝딱뚝
이얍

크세르크세스는 보따리를 싸기 시작했다!!

벌써 9월! 사람이 얼마나 산다고 여기서 지지고 볶아요! 잠도 모자라고 난 이만 갈랍니다! 바이바이!

페르시아 육해군은 이듬해 '토벌' 임무를 맡은 8만 명의 군사만 남겨두고 철수했다.

테미스토클레스는 크세르크세스한테 작별 인사를 보냈다!

"일이 뜻대로 안 풀려 죄송합니다, 각하! 다른 사람들이 각하를 끝까지 쫓아가겠다는 걸 제가 간신히 뜯어 말렸습니다. 폐하의 건승을 기원하며 테미스토클레스 올림."

여유를 찾은 테미스토클레스는 그리스 섬들을 순회하면서 전쟁 비용을 수금하러 다녔다. 안드로스 섬에서는 이런 대화가 오갔다.

살라미스 해전에서 승리를 거둔 사령관들은 전리품을 나누고 가장 공로가 큰 장군에게 상을 주기 위해 모였다. 그런데 투표를 하라고 했더니 전부 자기를 1등으로 찍고 테미스토클레스를 2등으로 찍어 결국 아무도 상을 받지 못했다!!

이렇게 그리스는 화를 면했고…

페르시아 병사들은 집으로 돌아갔다.

크로이소스의 식민지로 출발했던 이오니아는 아테네 해군의 보호 아래 '독립' 도시국가들로 새출발했고

아테네 사람들도 잿더미로 변한 아테네로 돌아갔다.

다음은, 황제 없는 제국 이야기

INTRODUCTION

기원전 480년 페르시아는 대군을 몰고 그리스를 침공했지만, 아테네는 스파르타와 손잡고 강적을 몰아냈다. 그리스에는 다시 평화가 찾아왔는데…

하지만 페르시아가 아테네를 쑥밭으로 만들어놓았기 때문에 고향으로 돌아온 사람들을 기다린 것은 허허벌판이었다.

아테네를 재건하라!!!

멀쩡한 건물은 하나도 없네…

이것이 아테네 도심의 모습이었다.

중앙 신전이 있던 아크로폴리스

중심가였던 판아테나이아 거리

지독한 놈들…

소식을 전달하는 전령의 역할을 맡았던 헤르메스 신의 모습을 새긴 행운의 탑. 아테네에는 이런 탑이 수백 개나 있었다.

아테네 재건도 문제였지만 스파르타와의 외교 문제도 골치 아팠다. 스파르타는 무너진 성벽을 다시 쌓지 말라고 아테네에 압력을 넣었다. 거대한 성벽이 페르시아에 의해 무너진 지금 아테네는 적의 공격에 무방비 상태로 있었다. 스파르타는 무너진 성벽을 그냥 놔두라고 했다. 아테네 남자들은 이 문제를 토론하기 위해 다시 회의를 열었다. 핵심은 이것이었다.

스파르타가 쳐들어오면 어떡하지?!!

귀족들이 회의를 여는 아레오파고스 바위

평민들이 회의를 여는 프닉스 언덕

아고라, 물자와 사상이 교환되고 정치적 거래가 이루어지는 장터 한마당

모든 거리 측정의 기준이 되는 12신 제단

그리스 도시 대부분은 어마어마한 큰 성벽으로 둘러싸여 있었다.

유일한 예외는 스파르타였다. 험준한 산이 성벽 역할을 해준 데다가 워낙 싸우는 데는 자신 있었던 스파르타 사람들이라 외적을 겁내지 않았던 것이다.

최근에는 미국에서도 부자들이 자기들끼리 모여 살면서 일반인의 출입을 통제하는 동네가 늘어나고 있다.

암호가 뭐였더라, 여보?

테미스토클레스는 몰래 스파르타에서 빠져나갔고, 스파르타 대표단은 풀려났다. 눈부신 건축술로 훗날 명성을 날리는 아테네인은 길바닥에 깔았던 돌, 조각 받침대 같은 부스러기를 모아 쌓은 성벽으로 둘러싸였다! 이것이 페르시아 전쟁 이후 아테네와 스파르타 사이에 빚어졌던 최초의 알력이었다.

그것은 테미스토클레스의 마지막 업적이었다. 너무나도 잘난 척하다 공직에서 쫓겨난 그는 페르시아 영토로 가서 태수를 구워삶아 마그네시아를 다스리며 잘먹고 잘살았다.

마그네시아, 젖과 꿀이 흐르는 낙원!

아테네 사람들은 스파르타 대표단이 오는 것을 알고 있었다. 테미스토클레스가 몰래 전령을 보내 귀띔했기 때문이다. 고대 그리스에서 전령은 어엿한 전문인이었다.

전쟁중에는 아무리 적군이라도 전령은 털끝 하나 건드리지 않는다는 불문율이 있었다.

비켜라!

죄송!

중요한 소식을 전하는 천사나 신문은 지금도 '전령'으로 불리지만 그 이름값을 제대로 하는 정론지는 좀처럼 찾아보기 어렵다!

디트로이트 조폭지
대통령, 너무 웃음이 헤퍼
북한은 무조건 족쳐야

아리조나 노예지
캘리포니아에 성벽 도시 개발 열풍
아직 기사 못 썼음

피츠퍼그 만평 재미난 신문
오늘은 슬픈 날, 흑!
화장실에서 보기 딱!

델로스 동맹

성벽은 모두 돌로 쌓았지만 유일하게 아테네만 나무로 성벽을 지었다. 아테네의 성벽은 바로 배였다. 3단 노를 가진 아테네의 군함은 모두 200척으로 아테네를 제외한 그리스 전체의 전함 수와 맞먹었다.

아테네의 군함은 노가 3단으로 나 있었다. 많은 전문가들이 그 구조를 이해하느라 골머리를 앓았다.

무릎 위에 포개 앉지 않았을까?

2단이면서 뻥친 게 아니었을까?

엔진실이 따로 있던 게 아니었을까?

가장 최신 이론은 가장 위에 있던 노가 발코니 쪽에서 쑥 뻗어나왔다는 설이다.

하지만 이 배가 실제로 발견되지 않는 한 구구한 억측은 계속될 것이다!

옳지… 그래, 핸들 밑으로 들어가봐…

기원전 477년 에게 해에 있던 대부분의 섬과 도시는 델로스 동맹이라는 군사 동맹에 가입했다. 동맹 가입국들은 바다에 무거운 쇳덩이를 던져 넣었다.

쇳덩이가 다시 떠오를 때까지 동맹을 깨지 말자는 굳은 다짐이었다.

뽀글 뽀글

해마다 돌아가면서 동맹에 배나 돈을 기증했는데 대부분은 편하게 돈으로 냈다.

훨씬 안전하고!

하지만 아테네는 기를 쓰고 배로 냈다.

잘났어 정말!

동맹에서 탈퇴하고 싶어하는 도시는? 기원전 468년 낙소스가 아무것도 못 낸다고 버티자 아테네는 낙소스를 공격하여 현금으로 받아냈다!

뭔 동맹이 동맹군을 공격하냐.

동맹국으로부터 거둔 돈으로 아테네가 주도한 이 동맹군은 머지 않아 아테네 제국으로 불린다!

아직도 감감 무소식인가?

훗날 불행한 시기가 닥쳤을 때 사람들은 동맹 결속이 단단했고 스파르타와도 사이좋게 지냈고 부자들이 대접 받았던 기원전 470년대를 '좋았던 시절'로 회고하면서 그리워했다.

플루타르코스는 당시의 유력한 시민이었던 키몬을 소개하는데, 거기서 좋았던 시절 생활의 단면을 엿볼 수 있다.

키몬은 성격이 원만해서 친구들과 사냥하고 술 마시며 어울리는 걸 낙으로 삼았다.

누이 엘피니케와 한 집에서 살았는데, 사실은 엘피니케가 더 인기를 모았다.

엘피니케는 키몬의 친구들과 잘 어울렸는데 특히 화가였던 폴리그노토스와 가까웠다.

그는 '트로이의 여인들'이라는 관공서 벽화에 그녀 얼굴을 살짝 집어넣었다.

아테네 사람들의 관심은 하나, 왜 엘피니케가 시집을 안 가는가 였다. 키몬이 누이를 너무 아끼기 때문이라는 소문도 파다했다.

속사정은 그게 아니었다. 아버지 밀티아데스가 나라에 엄청난 빚을 지고 죽어 가족은 땅만 많았지 현금은 하나도 없었다. 엘피니케를 시집 보내고 싶어도 지참금이 없었다!(6부 참조)

시집을 가려면 지참금을 지참해야 했다. 돈 말고도 옷감, 직조기를 시댁에 갖고 가야 했다. 요즘 가정은 소비의 주체지만 그리스 가정(오이코스)은 생산의 주체였다.

아버지의 빚도 갚고 누이 시집까지 보낼 수 있는 길은 경매에 부치는 수밖에 없었다!

결국 아테네 최고 갑부가 빚을 몽땅 갚아주기로 했다. 엘피니케는 신랑한테서 지참금을 받은 유일한 아테네 신부가 되었다!!

'좋았던 시절'과 작별을 고하기 전에 가난한 집 풍경도 슬쩍 엿보자. 기원전 470년 혹은 469년에 파이나레테라는 산파가 소크라테스라는 아들을 낳았다.

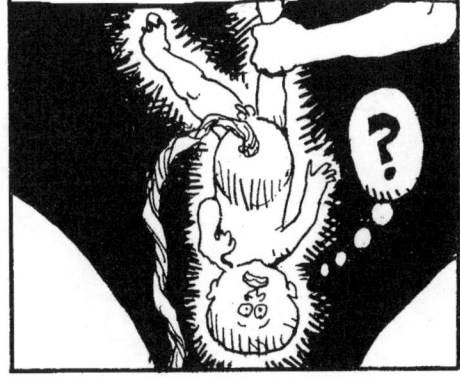

키몬은 위축되었다. 키몬이 대변하는 보수주의 세력은 부패 혐의로 재판을 받았다. 민회는 특권층에게만 주어졌던 권리를 스스로에게 부여했다.
결국 461년 키몬은 도편추방되었다. 급진파가 권력을 장악한 것이다!!

우!!

우!

너무들 하는 거 아냐, 우씨...

우!

휴...

우!

플루타르코스에 따르면 엘피니케는 급진파 페리클레스에게 몰래 접근하여 오빠를 구하려고 했다. 무슨 부탁이든지 다 들어주겠다고 했지만 페리클레스는 매몰차게 거절했다.

아직도 이팔청춘인줄 아시나봐?

우!!

급진파가 정권을 잡았지만 아테네는 여전히 철저한 계급 사회였다. 가장 밑에 있던 노동자 계급은 한 해 280부셸 (1부셸은 2말)이 못 되는 곡식을 생산했다. (혹은 그 정도 돈을 벌었다.) 전쟁이 나면 노를 저었다.

배 저을 때도 밑바닥이구나, 젠장!

농민 계급은 한 해 수입이 280부셸에서 420부셸 사이였다. 그들은 자기 돈으로 무장하고 전쟁에 나갔다.

기사 계급은 420부셸에서 700부셸의 수입을 올렸다. 그들은 말을 타고 남들 위에 군림했다.

마지막으로 아테네의 상류 계급은 그냥 '700급'으로 불렸다.

700급이 뭐예요?

명품족이란 뜻이야!

키몬이 추방당하고 두 달도 못 지나 급진파 우두머리였던 에피알테스가 살해당했다.

단독범이었을까 공범이 있었을까? 사건은 영원한 미궁이었다.

하지만 에피알테스의 암살로 급진파가 타격을 받으리라고 생각했다면 그것은 오판이었다!

우린 생각 같은 건 안 하고 살아요.

에피알테스의 뒤를 이어 급진파를 이끈 페리클레스는 30년 동안 아테네 정치를 좌지우지한다. 아테네의 황금시대를 페리클레스 시대라 부르기도 한다.

청렴하고 온화하고 초연하고 똑똑하고 억척같고 통찰력 있고 말 잘하는 페리클레스는 신들의 고향인 올림포스 산에서 온 사람 같다고 해서 올림피안이라고 불렸다.

태어날 때 당한 사고로 머리가 볼록 솟았다고 해서 붙은 별명도 많았다.

그는 정치를 위해서 살았다. 사람들이 모이는 아고라 아니면 시장을 오가는 단조로운 일상을 되풀이했다.

아닌 게 아니라 부인(실은 사촌이기도 했다)과는 이혼했고 자식들은 허구한 날 돈타령이었다!

아테네의 오랜 법에 따르면 딸은 유산을 상속 받을 수 없었다. 재산과 성씨는 아들에게 넘어갔다.

그런데 아들이 없다면?

재산을 묶어두려면 딸은 가까운 남자 친척과 결혼하는 수밖에 없었다. 페리클레스도 울며 겨자 먹기로 한 결혼이니 당연히 불행했다.

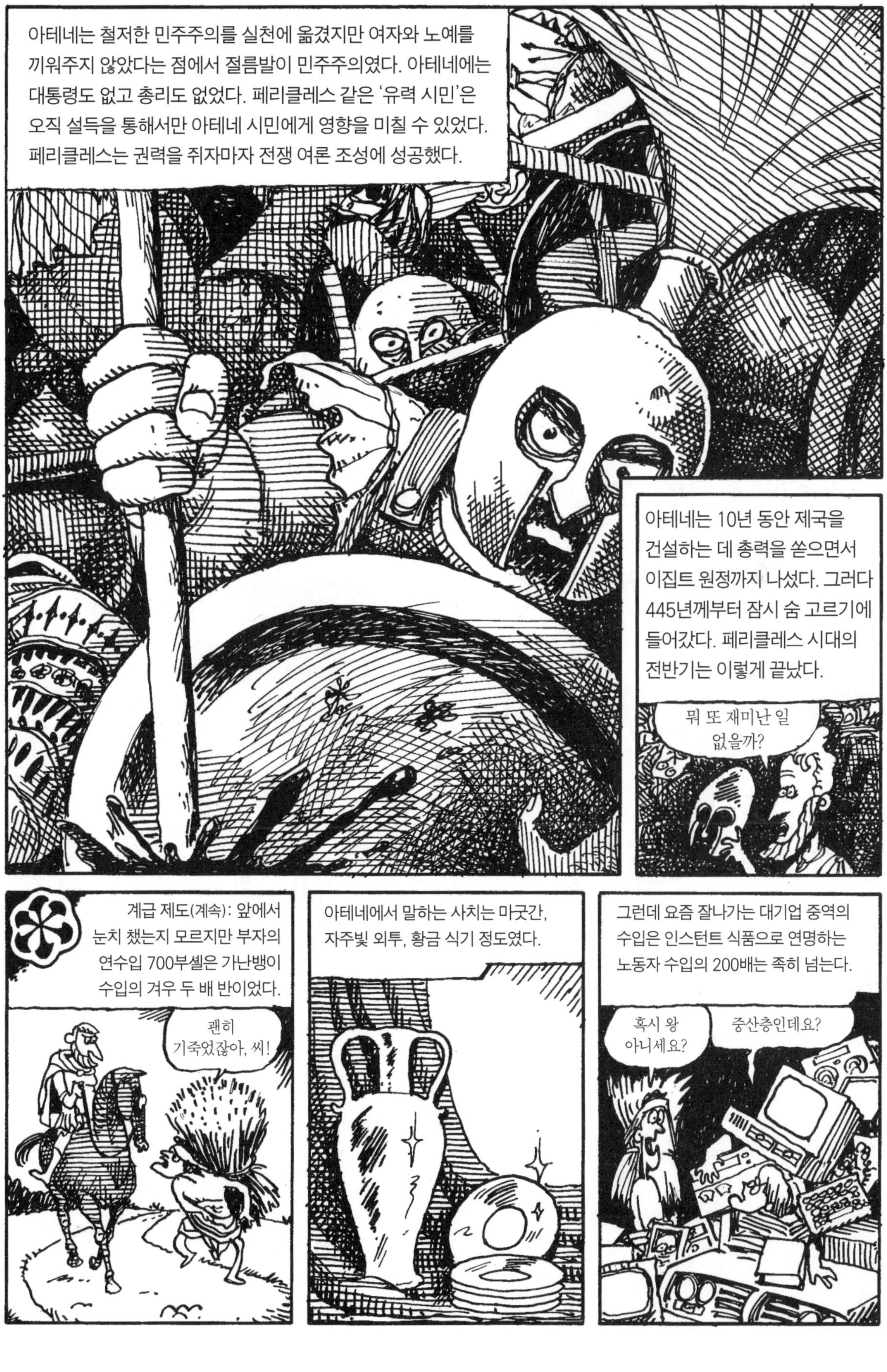

아테네는 철저한 민주주의를 실천에 옮겼지만 여자와 노예를 끼워주지 않았다는 점에서 절름발이 민주주의였다. 아테네에는 대통령도 없고 총리도 없었다. 페리클레스 같은 '유력 시민'은 오직 설득을 통해서만 아테네 시민에게 영향을 미칠 수 있었다. 페리클레스는 권력을 쥐자마자 전쟁 여론 조성에 성공했다.

아테네는 10년 동안 제국을 건설하는 데 총력을 쏟으면서 이집트 원정까지 나섰다. 그러다 445년께부터 잠시 숨 고르기에 들어갔다. 페리클레스 시대의 전반기는 이렇게 끝났다.

뭐 또 재미난 일 없을까?

계급 제도(계속): 앞에서 눈치 챘는지 모르지만 부자의 연수입 700부셸은 가난뱅이 수입의 겨우 두 배 반이었다.

괜히 기죽었잖아, 씨!

아테네에서 말하는 사치는 마굿간, 자주빛 외투, 황금 식기 정도였다.

그런데 요즘 잘나가는 대기업 중역의 수입은 인스턴트 식품으로 연명하는 노동자 수입의 200배는 족히 넘는다.

혹시 왕 아니세요?

중산층인데요?

페리클레스의 황금시대

기원전 445년, 강성한 제국의 수도 아테네는 드디어 평화를 맞이했다. 전쟁에 나가서 돈도 벌고 떡고물도 챙기던 수많은 남자들이 졸지에 실업자가 되었다.

여행자에게 이 무렵의 아테네는 전혀 제국의 수도답지 않게… 지저분했다. 유명한 건물의 흔적은 거의 남지 않았다. 아크로폴리스는 여전히 앙상한 잔해만 남아 있었다. 페리클레스는 남아도는 인력을 동원하여 아테네를 미화하는 재건 사업에 국력을 쏟아붓자는 안을 내놓았다. 새로운 신전, 조각, 그림, 공원, 경기장을 만들자는 것이었다.

사업가라면 응당 그래야 하지만 노예상도 돈이 벌리는 곳으로 모여들었다. 노예가 시민의 세 배나 되는 아테네는 노예상의 천국이었다!

양배추도 사려!

총각 사려! 총각 사려!

고대 아테네에서는 경찰도 노예였다. 국가가 소유한 1000명의 스키타이 출신 궁수가 치안을 맡았다. 자유 시민이 서로의 몸에 손을 대는 것은 꼴사납다고 보았기 때문이다.

열다섯 살 미만이면 얘기가 달라지지만!

배심원이나 시민 합창단에 참석해야 하는 시민이 깜빡 하는 날에는 스키타이 경찰이 빨간 물감에 적신 밧줄로 끌고 갔다.

옷에 묻은 '붉은 자국'은 망신과 수치를 안겼다.

또 노예한테 끌려갔다 왔구만?

노예 다음으로 아테네에 많이 살던 비시민 집단은 외국인이었다. 외국인은 참정권은 없었지만 자유롭게 돈벌이를 할 수 있었고 재산도 소유할 수 있었다.

아스파시아라는 유별난 외국 여성이 있었다.

아테네 제국의 일부였던 소아시아의 밀레투스 출신이었는데 야심이 컸다.

페리클레스 씨 댁이 어디죠?

그 시절 야심 많은 여자가 할 수 있는 일은 권력자에게 접근하는 것밖에 더 있었을까?

둘은 만나고야 말았다!

띠용

재잘재잘
종알종알
주절주절
손짓발짓
고갯짓
알랑방구
헬렐레

얼마 안 가서 출근할 때마다 들러 입맞춤을 하는 사이가 됐다!

그 애정의 결실로 페리클레스 2세가 태어났다!

까꿍!

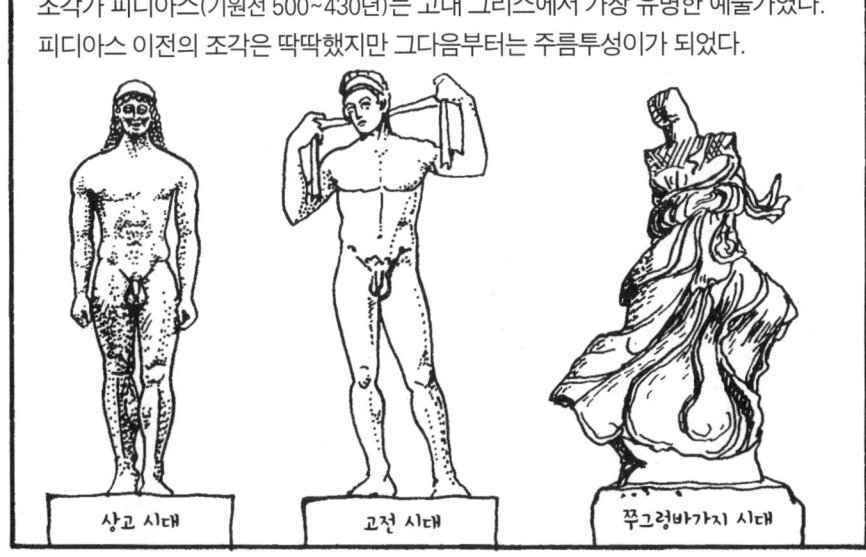

예나 지금이나 관광객이 즐겨 찾는 파르테논 신전이었다.
파르테논은 아테나 여신을 모신 신전이었다.

이게 무슨 신전이야?
극장이구만.

난 은행인줄 알았네.

아테네 건축가들은 기둥을 좀 안으로 기울게 하고 바닥을 미세한 곡선으로 들어올려 신전의 거대한 몸체를 가벼워 보이게 만들었다.

빛나는 하얀 대리석 위, 야성미 넘치는 조각이 웅혼한 기상을 노래했다.

'파르테논'은 처녀를 뜻하는 파르테노스에서 온 말이다. 아테나 여신은 처녀였고 태어날 때도 어머니 자궁이 아니라 아버지 제우스의 이마에서 튀어나왔다고 한다!

건물 안으로 들어가면 피디아스가 상아와 황금으로 새긴 거대한 아테나 여신상이 있다.

파르테논 신전의 흰 대리석 기둥은 황금띠를 두른 붉은 지붕, 실물과 똑같은 색으로 칠해진 조각들을 지탱하고 있었다.

꼭 허공에 뜬 만화책 같다, 야!

그리스인은 대리석 조각에도 즐겨 색을 입혔지만, 세월이 흐르면서 칠이 벗겨졌다.

2000년 뒤 고전주의 건축 양식이 되살아났지만 색은 잊혀졌다. 그래서 신고전주의 양식으로 지어진 건물은 하나같이 칙칙하다.

어차피 과거는 죽었으니 당연히 칙칙해 보이지!

고전주의의 원래 모습으로 돌아가서 칙칙한 은행, 도서관, 관청에 색을 입히는 사업을 하면 떼돈을 벌지 않을까?

우와! 히히!!

쯧!

바야흐로 황금시대였다. 아테네인은 행복했을까? 기원전 440년 역사가 헤로도토스는 아테네에 와서 청중 앞에서 페르시아 전쟁사를 낭독하고 나서 이렇게 물었다.

행복이 뭡니까?

이 세상에서 제일 행복한 사람을 이런 만화책에서 소개하긴 어렵지만 두 번째로 행복한 사람 정도는 소개할 수 있겠죠.

두 사내가 있었습니다. 클레오비스와 비톤이라는 형제였죠. 돈 많겠다 운동도 잘 하겠다, 하지만 두 사람을 행복하게 만든 건 따로 있었습니다.

어머니가 달구지를 타고 헤라 여신의 축제가 열리는 신전으로 떠나야 할 판인데 소가 안 보이는 거라.

엄마, 저희들이 할게요!!

누렁아 누렁아

형제는 달구지를 직접 끌기로 했습니다.

어머니를 무사히 신전까지 모셨지요.

그러고는 탈진해서 죽었습니다.

이것이 바로 행복입니다, 여러분! 두 형제는 죽을 때까지 착했고 부자였으니 얼마나 복도 많습니까? 이런 사람이 행복하지 않으면 누가 행복하단 말입니까?

뭔 소린고 하니…

사람이 일흔까지 산다 치면 모두 2만 6250일이 되는데, 똑같은 날은 단 하루도 없거딩! 그러니 사람 인생은 언제 어떻게 바뀔지 모르는 불안한 것이다 이 말이오!

그럼 1년이 375일이란 소리네.

난 단 하루라도 바뀌었으면 좋겠구먼…

헤로도토스의 인생론은 독창적이지는 않을지 모르지만 시의적절했다. 그렇게 떵떵거리고 큰소리 치면서 살았던 아테네인에게 무기력과 혼돈과 절망의 나날이 곧 닥쳤기 때문이다.

펠로폰네소스 전쟁

기원전 430년대 말부터 아테네는 다시 호전성이 되살아나 스파르타의 동맹국들을 집적거리기 시작했다. 페리클레스는 전쟁을 하고 싶어 몸이 달았다.

이유가 뭡니까?

아이들은 원래 싸우면서 크는 법이라서…

431년, 보다 못한 스파르타는 북으로 진격해 아테네 들판을 불살랐다.

페리클레스는 모든 아테네 농민에게 밭을 버리고 성 안으로 들어오라고 명령했다. 강력한 해군과 막강한 자금력으로 아테네는 충분한 식량을 확보했다.

굴러온 돌이 박힌 돌을 빼도 되는 거야?

전염병이 병균 때문에 일어난다는 사실을 아는 사람은 당연히 짐작했겠지만 과밀 인구는 병원균의 온상이었다! 기원전 430년과 429년 여름, 배에 묻어 들어온 전염병이 기승을 부려 아테네 성벽 안에서 바글거리던 주민의 4분의 1이 희생되었다. 전혀 다른 의학 이론에 젖어 있던 그리스인에게는 가히 충격이었다!

"이제 사람들은 지금까지는 으슥한 곳에서 했던 방탕한 짓을 거리낌없이 벌이곤 했다. 돈은 버는 족족 써버렸다. 그것도 오직 쾌락을 위해서만 썼다. 돈도 인생도 부질없다는 인식이 만연했다. 이제 사람들이 부러워하고 우러러보는 것은 순간의 쾌락밖에 없었다. 순간의 쾌락을 위해서라면 아까울 것이 아무것도 없었다. 신이나 타인에 대한 두려움에 행동을 조심하는 사람은 찾아보기 힘들어졌다."
―투키디데스

증세는 온몸이 불덩어리처럼 뜨겁고 눈이 붓고 혀에서 피가 나고 기침을 하고 목이 쉬고 가슴이 쑤시고 재채기를 하고 토하고 참을 수 없는 갈증을 느끼고 잠을 못 자고 늘 불안하고 설사를 하고 삭신이 쑤시고 마비가 왔다. 이렇게 고생하다가 죽었다. 독수리도 그런 시체는 피했다!

페리클레스도 429년에 병사하고 말았다.

그리스 의사들은 증세를 면밀히 관찰하여 과감히 수술도 하고 소독약도 개발하고 히포크라테스 선서 같은 직업 윤리 강령도 만들었다.

나의 처방은 어디까지나 환자를 위한 것이지 환자를 괴롭히거나 골탕 먹이려는 게 아님을 양심에 손을 얹고…

하지만 이론은 사뭇 달랐다. 그리스 의학에서는 '네 가지 체액'의 불균형으로 병에 걸린다고 보았다. 네 가지 체액은 혈액, 점액, 황담즙, 흑담즙이었다.

기하학이랑 비슷하지? 틀림없으니까, 어여 마셔…

불균형을 바로잡기 위해 피 보기, 토하기, 굶기기 같은 치료법이 동원되었다.

세부는 변했지만 그리스 의학은 근대 의학의 모범으로 남아 있다.

요즘은 의사가 보험 회사를 피 보게 만들고 보험 회사는 환자를 피 보게 만들지요!

그러는 동안에도 전쟁은 하염없이 계속되었다.

폭풍우가 몰아치는 칠흑같이 어두운 플라타이아에서도…

아테네 해군이 스파르타 해군을 에워싼 나우팍토스에서도…

아테네 보병이 빙판 위를 행군하던 포티다이아에서도… 맨발의 땅딸한 군인을 눈여겨볼 필요가 있다!

잘났군! 룰루랄라

어느 날 막사에서 이 사람은 부동자세로…

골똘히 생각에 잠겨

얌마!

하루를 꼬박 버텼다!

아!

아테네가 완패한 델리온에서도… 괴짜는 여전히 눈에 띈다!

믿거나 말거나 스파르타가 처음으로 항복한 필로스에서도…

그리고 암피폴리스, 트라키아, 미틸레네, 에우보이아, 메토네, 오이노이, 엘레우시스, 페이아, 트로니움, 알로페, 아이기나, 테메가리드, 케팔레니아, 자킨토스, 암필로키안, 아르고스, 리카아, 보티아이아, 이도메네, 스파르톨로스, 아카르나니아, 크레테, 리온, 에우로포스, 레기움, 코르키라, 아울로스 제도, 아이기톤, 엘로메네스, 포티다니아, 크로킬리온, 티키온, 나우팍토스 (다시)에서도 계속되었다…

그러다가 기원전 421년, 전쟁이 시작된 지 10년 만에 아테네와 스파르타는 휴전에 들어갔다.

10년의 전쟁과 전염병은 스파르타에 대한 의심, 전쟁에 대한 의심, 페리클레스를 추종했던 지도자들에 대한 의심, 그리고 아테네 제도에 대한 의심을 키웠다.

의심 하면 둘째 가라면 서러워할 사람이 있었으니 그가 바로 포티다이아에서 명상에 잠겼던 소크라테스였다.

난 의심이 정말이지 의심스러워!!

소크라테스의 청년 시절은 알 도리가 없지만 아마 철학을 공부했을 것이다.

진리가 뭐지?

산파, 치료사, 여제관을 가리지 않고 진리를 구하러 다녔다. 유명 철학자 중에서 여자 말에 귀 기울인 사람은 소크라테스가 유일할지도 모른다!

사랑이 뭐야?

영원히 청춘이고픈 욕망!

소크라테스 안에 있는 '악마'는 긍정이 아니라 부정 일변도였다!

정치판에는 얼씬도 하지 마!

소크라테스의 학식과 재주에 감동한 친구가 델피의 신탁을 찾아가서 "소크라테스보다 똑똑한 사람이 있느냐"고 물었더니 애매모호함으로 일관하던 평소의 모습답지 않게 딱 부러지게 대답했다.

없어.

보통 사람 같으면 쾌재를 불렀겠지만 소크라테스는 더 깊은 자기 불신에 빠졌다!

기고만장했다간 알지?

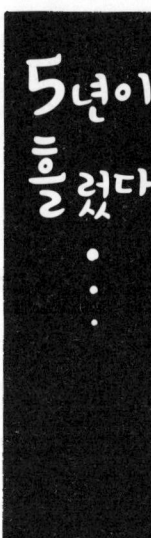

5년이 흘렀다…

알키비아데스는 정계의 거물로 성장해 아테네에 전쟁 분위기를 띄우면서 시칠리아를 아테네 제국에 편입시키자고 제안했다.

200척의 아테네 함대는 시칠리아를 침공하기 위해…

"깃발을 보니 알키비아데스가 탄 군함이겠군!"

"유람선이겠지!"

만반의 태세를 갖추었다. 하지만 전쟁에 반대하는 젊은 보수파와 원로들은 음모를 꾸몄다.

그런데 뜻밖의 사건으로 차질이 생겼다. 누군가가 밤 사이에 아테네 성벽 안에 있는 모든 헤르메스 상을 훼손하는 천인공노할 만행을 저지른 것이다!

"으윽!"

하룻밤 사이에 그 많은 신상이 파괴되었다는 것은 아테네 사회가 얼마나 무기력해지고 신앙이 약해졌는지를 드러냈다. 도대체 범인은 누구였을까?

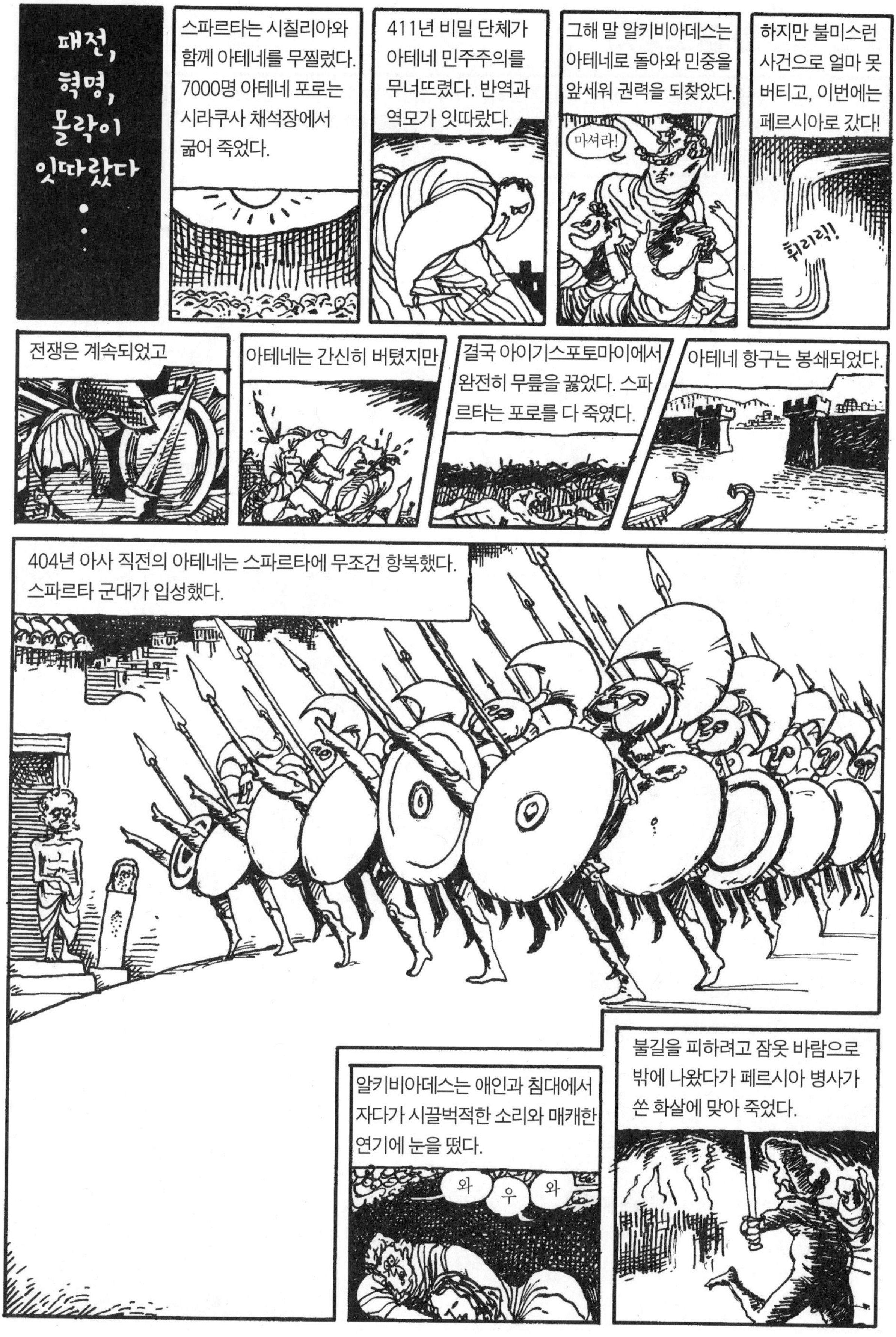

패전, 혁명, 몰락이 잇따랐다...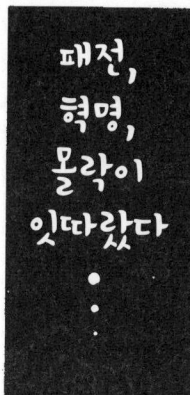

스파르타는 시칠리아와 함께 아테네를 무찔렀다. 7000명 아테네 포로는 시라쿠사 채석장에서 굶어 죽었다.

411년 비밀 단체가 아테네 민주주의를 무너뜨렸다. 반역과 역모가 잇따랐다.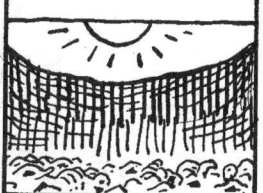

그해 말 알키비아데스는 아테네로 돌아와 민중을 앞세워 권력을 되찾았다.

마셔라!

하지만 불미스런 사건으로 얼마 못 버티고, 이번에는 페르시아로 갔다!

휘리릭!

전쟁은 계속되었고

아테네는 간신히 버텼지만

결국 아이기스포토마이에서 완전히 무릎을 꿇었다. 스파르타는 포로를 다 죽였다.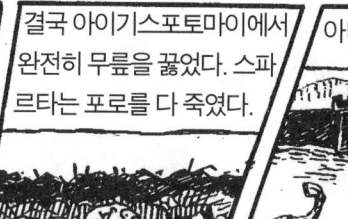

아테네 항구는 봉쇄되었다.

404년 아사 직전의 아테네는 스파르타에 무조건 항복했다. 스파르타 군대가 입성했다.

알키비아데스는 애인과 침대에서 자다가 시끌벅적한 소리와 매캐한 연기에 눈을 떴다.

와 우 와

불길을 피하려고 잠옷 바람으로 밖에 나왔다가 페르시아 병사가 쏜 화살에 맞아 죽었다.

30인 참주와 공포정치

마침내 전쟁은 끝났지만 학살은 계속되었다. 스파르타는 통치권을 30명의 아테네 귀족에게 넘겼다. 그 우두머리는 소크라테스의 제자 크리티아스였다.

여보게, 이상 국가라는 것은 철학자가 다스리고 무조건 복종하도록 세뇌받은 제자들이 지키는 나라일세!!

30인 참주 뒤에는 700명 스파르타 군사가 버티고 있었다.

민주주의가 좋다던 놈, 다 나와!

잘한다!

30인 참주는 민주주의 지도자를 몽땅 색출하여 처형했다. (고대 아테네에서는 독약으로 죽였다.)

다음에는 장차 민주주의 지도자가 될까 염려되는 사람을 처단했다.

나중에는 민주주의의 민 자만 입에 올려도 죽였다!

참주들은 평민들의 재산을 몰수하기 시작했다. 물론 주인은 죽였다!

짐승만도 못한 것들!

그럼 우린 뭔데?

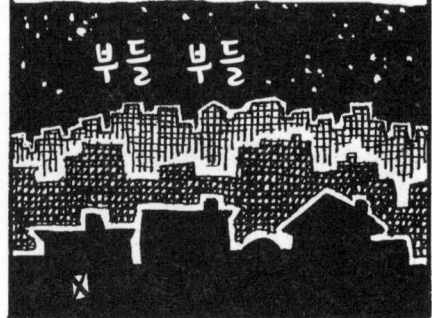
시민의 수는 3000명으로 고정되었다. 시민 명단에 이름이 오르지 않은 사람은 30인 참주의 명령 하나로 언제든지 즉결 처분될 수 있었다. 반대하는 온건파도 몽땅 죽였다. 공포 정치가 시작된 것이다!

부들 부들

소크라테스의 죽음

드디어 평화가 찾아왔다. 스파르타는 정치적 사면을 베풀라고 아테네에 요구했다. 과거에 누구를 지지했던 잘못을 물어서는 안 된다는 것이었다. 사면법은 먹혔다. 내란은 끝났다. 사람들은 잘못이 어디서 시작되었는지 따지기 시작했다.

"참신한 생각이 문제의 불씨였어!"

"참신한 생각은 의심에서 나왔지!"

"의심을 뿌리뽑아야 돼!"

소크라테스의 재판은 석연치 않은 점이 있다. 재판한 이유부터가 모호하고 비현실적이다. 소크라테스의 진짜 죄는 따로 있었다. 그것은 알키비아데스와 크리티아스를 사로잡은 철학을 가르친 죄였다. 하지만 사면법이 시퍼렇게 살아 있었으므로 이런 죄목으로 잡아들일 수는 물론 없었다. 그래서 '아테네가 믿는 신을 우습게 보고 새로운 우상을 섬기면서 젊은이를 타락시킨' 죄로 몰아세웠다. 나이 일흔 살의 소크라테스는 목숨을 걸고 재판을 받았다!

젊은이를 타락시켰다는 증거 하나:
"아니토스의 아들!"

소크라테스는 가죽을 다듬는 무두장이로 아버지 일을 돕던 문제의 청년에게 그런 '저급한 일'을 하기엔 재주가 아깝다고 바람을 불어넣었다.
"철학자는 그저 놀고 먹는 게 장땡이야! 날 봐!"
"진짜요?"

청년은 그때부터 밤낮없이 술만 퍼마셨다!
"새로운 우상은 소크라테스의 안에 사는 악마다!"
"스승님도 한 잔 하세요!"

소크라테스는 정식으로 자기를 변호하지 않았다. 악마가 허락하지 않았다. 하지만 즉석에서 냉소적이고 도발적이고 위엄 있는 연설을 했다. 플라톤은 『소크라테스의 변호』에 그 내용을 (아마도 다분히 미화해서) 흥미진진하게 기록했다. 그 연설은 배심원의 심기를 건드렸다.

우!
헛소리 마!
뭔 소리?
요점만 말해!

재판장에게 묻습니다. 사람이 사람의 존재를 믿으면서 동시에 믿지 않을 수 있습니까?

?

판결은 유죄였다!

원고들은 사형을 요구했지만 아테네 법에 따라 피고에게도 형량을 제안할 수 있는 권리가 있었다. 배심원은 이 둘 중에서 하나를 선택했다. 소크라테스는 물러서지 않았다.

평생을 착하게 살려고 애쓴 이 사람한테 벼슬은 못 내릴망정 사약을 내리다니, 말도 안 된다 아뢰오!

긁적 긁적

결론은 사형이었다!

소크라테스는 전쟁터에서처럼 담담하게 독약을 받았다.

저승으로 가는 길, 신께서 굽어 살피소서!

꿀꺽 꿀꺽

마지막으로 남긴 말은

아스클레피우스한테 닭 한 마리 빚진 게 있는데 크리티아스 자네가 좀 갚아주겠나?

예. 다른 부탁은요?

아스클레피우스는 치유의 신이었다. 이 말은 소크라테스가 이미 중병에 걸려 있었음을 의미하는 걸까? 크세노폰은 소크라테스가 자기 변호에 최선을 다하지 않은 것은 노년의 고통에서 하루빨리 벗어나려 독약을 마시고 싶어했기 때문이라고 주장한다.

철학 아카데미

기원전 5세기의 아테네와는 이것으로 작별한다!
제국은 사라졌다! 황금시대는 저물었다!
키몬, 엘피니케, 페리클레스, 아스파시아,
페리클레스의 아들들, 아이스킬로스,
소포클레스, 피디아스, 알키비아데스,
소크라테스, 모두 사라졌다!

말썽꾼들이 사라지니 적적하구먼…

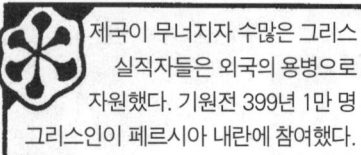
제국이 무너지자 수많은 그리스 실직자들은 외국의 용병으로 자원했다. 기원전 399년 1만 명 그리스인이 페르시아 내란에 참여했다.

싸움에서 진 용병 장교들은 페르시아 황제의 만찬장에 끌려가 살해당했다!

지휘관을 잃은 병사들은 겁에 질려 회의를 열었다.

우린 망했다. 아니야. 맞아.

그때 누군가가 재채기를 했다.

에취!

그리스 병사들은 이것을 하늘의 예언으로 받아들이고 넙죽 엎드렸다.

참 편한 자세죠?

재채기 한 번에 그리스 병사들은 용기 백배하여 난관을 뚫고 조국으로 돌아갔다!

그게 뭔 예언이냐? 재채기 한 번 한 걸 가지고!

만 명이 엎드렸으니 이유가 있겠지.

재판이 끝난 뒤 크리티아스의 사촌 플라톤을 비롯한 소크라테스의 젊은 제자들은 험악한 분위기를 피해 아테네 밖으로 피신했다. 길거리에서 철학을 논하는 모습은 당분간 찾아볼 수 없었다!!

원래 플라톤은 정계에 진출할 생각이었지만

내 말 한 마디에 사람들이 벌벌 떨고, 멋있잖아요!

크리티아스의 사촌에 소크라테스의 제자라 어려웠다.

그래서 작가로 돌아섰다!

고독한 직업이죠!

플라톤은 주로 소크라테스와 제자들이 주고받는 대화 형식의 책을 썼다. 우리가 소크라테스의 사상에 대해서 아는 내용은 거의 다 플라톤이 적은 것이다.

아테네 시민의 미움을 받았던 소크라테스를 플라톤이 얼마나 미화했나 아무도 알 수 없다!

소크라테스의 철학을 계승한 제자는 플라톤 말고 또 있었다. 안티스테네스는 소크라테스가 말한 청빈과 도덕을 강조했다.

플라톤 같은 배부른 놈 말은 믿질 말어!

예, 사부님!

그들은 다리 밑이나 나무 밑에서 넝마를 걸치고 살면서 머리도 깎지 않았다.

부자들을 개처럼 악착같이 물고 늘어진다고 해서 이들 철학자를 개 견 자에 선비 유 자, 해서 견유학파라고 불렀다.

왈 왈 컹 컹

으악! 잘못 걸렸다!

찰거머리가 따로 없어!

아테네 얘기하다 웬 마케도니아냐고? 337년경 알렉산드로스의 아버지가 그리스를 거의 정복해 아테네도 마케도니아의 식민지가 되었기 때문이다.

어쩌다 우리가 요 모양 요 꼴이 되었냐…

님과 함께 거닐던…

아카데미 캠퍼스…

꿈 깨라 꿈 깨!

335년 아리스토텔레스는 아테네로 돌아와 여보란듯 리케이온이라는 학원을 세웠다.

흥!

다시 알렉산드로스로 돌아가서: 마케도니아 군은 초인적 의지로 페르시아 제국을 쓸어버리고… 334년에는 아시아로 진출했다. 333년에 시리아를 정복한 데 이어 332년에는 페니키아와 이집트까지 무너뜨렸다. 331년에는 티그리스 강 동쪽에 당도했고… 330년에는 동부 이란을 공략하기 시작했다.

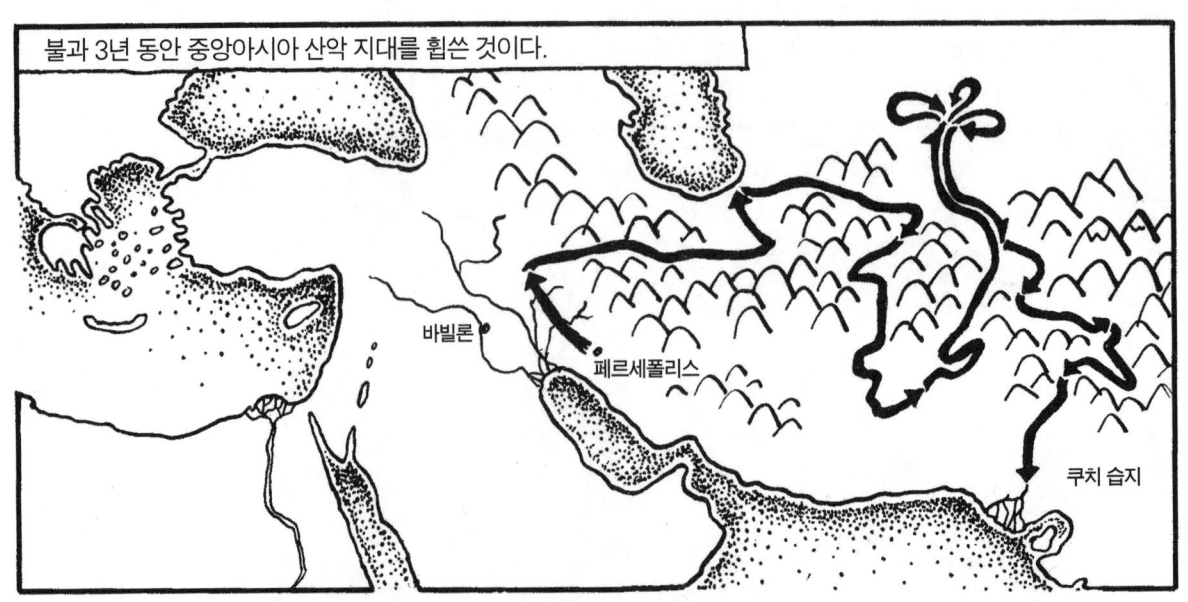

불과 3년 동안 중앙아시아 산악 지대를 휩쓴 것이다.

카슈미르로 나와 젤룸 강을 따라 쿠치 습지까지 남진해 코끼리 부대의 공격을 받았다.

우와! 거 참 신기하네!

이때부터 병사들은 알렉산드로스의 명령에도 불구하고 전진을 거부했다!

신기한 게 많다니까!

싫어요!

침략군은 돌아갔다. 그들은 그냥 가게 두고… 잠시 머무르면서 코끼리와 젤룸 강과 쿠치 습지가 있는 신비한 나라를 구경해보자!

다음은, 코끼리와 습지의 나라 인도로!

휴! 130억 년 세월을 350쪽 겨우 담았네! 기진맥진!

이 책에서 다룬 주제에 대해서 더 알고 싶은 기운이 남아 있는 분들께는 다음 책을 권합니다!

『현대의 천문학과 우주론 Astronomy and Cosmology, a Modern Course』 Fred Hoyle 지음. 빅뱅 이론과 DNA 유전학 이론에 대한 정보가 가득.

『천문학의 최전선 New Frontier in Astronomy』 「사이언티픽 아메리칸」 엮음. 다 무거운 내용은 아니고 볼 만한 사진도 있음.

『퀘이사를 찾아서 In Quest of Quasar』 B. Bova 지음.

『태초의 3분 The First Three Minutes』 Stephen Weinberg 지음. 내용은 제목 그대로.

『화석 Fossils』 Zim Rhodes와 Schaffer 지음. 아담한 크기에 화보도 풍부.

『화석 이야기 The Fossil Book』 C. L. Fenton과 M. A. Fenton 지음. 그렇고 그런 화석 스케치가 수두룩.

『종의 기원 The Origin of Species』 Charles Darwin 지음. 저자만 꽉 믿고 한번 읽어보셈.

『진화 생물학 Evolutionary Biology』 Stanley Salthe 지음. 읽긴 읽었는데 기억이 잘 안 남.

『세포의 일생 The Lives of a Cell』 Lewis Thomas 지음. 미토콘드리아에 대한 철학적 성찰.

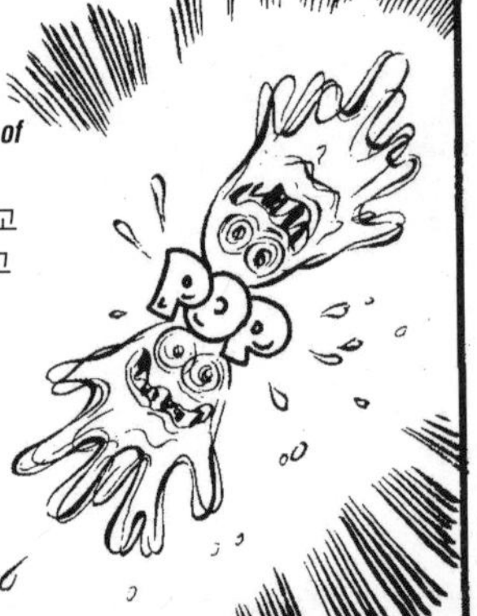

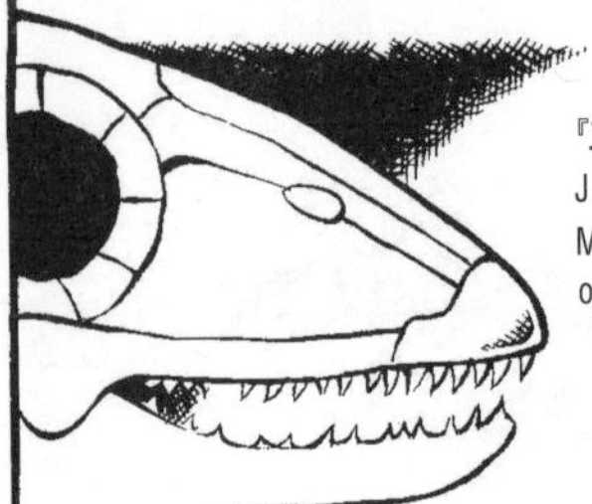

『고생대 물고기 Paleozoic Fishes』 J. A. Moy-Thomas 지음, R. S. Miles 증보. 웃기지는 않지만 예쁜 선 그림이 있다.

『공룡 Dinosaurs』 Edwin Colbert 지음. 무난한 책.

『공룡 르네상스 Dinosaur Renaissance』 「사이언티픽 아메리칸」 1975년 4월호에 실린 글 엮음. 신예 이론가 Robert Bakker의 공룡 예찬론.

『피가 뜨거운 공룡 The Hot-blooded Dinosaurs』 Adrian Desmond 지음. 중생대에 살았던 괴물에 대한 최신 정보를 집대성.

『간추린 지구 역사 Essentials of Earth History』 W. Lee Stokes 지음. 술술 읽히고 머리에도 쏙 들어옴.

『지구의 물리학 Physics of the Earth』 T. F. Gaskell 지음. 석유 재벌의 관점에서.

『역사 지질학 Historical Geology』 Carl Dunbar 지음. 화성 편암이 뭔지 안 궁금해도 시시콜콜 설명해놓았음.

『자연의 경제와 성의 진화 The Economy of Nature and the Evolution of Sex』 M. T. Ghiselin 지음. 우익에다 성질 더럽고 글자가 빽빽하지만 재치 있고 도발적이고 유익하다.

『생식 The Reproduction of Life』 R. L. Lehrman 지음. 부담 없이 읽을 수 있는 입문서.

『고대 식물과 생장 환경 Ancient Plants and the World They Lived in』 Henry N. Andrews, Jr. 지음. 식물 화석에 푹 빠진 사람이 쓴 훌륭한 책. 삽화도 멋있다. 내가 좋아하는 책.

『포유류 Mammals』 「타임라이프」 제작. 화보가 좋다.

『포유류의 시대 The Age of Mammals』 Björn Kurtén 지음. 빨아들이는 맛은 약하지만 나쁘지는 않다.

『영장류의 역사 History of the Primates』 W. E. Legros Clark 지음. 사람 이빨이 고릴라 이빨과 어떻게 다른지 궁금한 사람은 이 책을 읽어볼 것.

『빠진 고리 The Missing Link』 M. Edey와 「타임라이프」 편집부 지음. 드디어 고리를 찾았다!

『원생 원인류의 먹이 나누기 The Food-Sharing Behaviour of Protohuman Hominids』 「사이언티픽 아메리칸」에 1978년 4월호에 실린 Glynn Isaac의 논문.

『동투르카나의 원인류 The Hominids of East Turkana』 「사이언티픽 아메리칸」 1978년 8월호에 실린 R. Leakey와 R. Lewin의 논문. 강력한 증거.

『기원 Origins』 Leakey와 Lewin 지음. 쪽수는 많고 사실은 적지만 이론은 설득력이 있음.

『야생 침팬지는 내 친구 My Friends, the Wild Chimpanzees』 Baroness Jane van Lawick-Goodall 지음.

『네안데르탈인 The Neanderthals』 George Constable과 「타임라이프」 편집부 지음. 훌륭한 글과 그림.

『샤니다르, 처음으로 꽃을 바친 사람들 Shanidar, the First Flower People』 Ralph Solecki 지음. 놀라운 발견을 다룬 지루한 책.

『문명의 문턱 The Threshold of Civilization』 Walter Fairservis 지음. 사실은 개별 발굴을 다루어 더 옛날까지 다룬다.

『크로마뇽인 Cro-Magnon Men』 Tom Prideux와 「타임라이프」 '인간들' 지음.

『사회 진화 Social Evolution』 Gordon Childe 지음. 다른 고고학자들이 무시하는 물음과 씨름한다.

『어머니와 아마존 Mothers and Amazons』 Helen Diner 지음. 웅대한 사변.

『가족, 사유재산, 국가의 기원 Origin of the Family, Private Property, and the State』 F. Engels 지음. 고전, 하지만 도서관에서 찾을 수 있을까 모르겠네.

『토템과 타부 Totem and Taboo』 Sigmund Freud 지음. 아주 엽기적인 이론.

『케냐 산을 마주보며 Facing Mt. Kenya』 Jomo Kenyatta 지음. 키쿠야 남자들은 어떻게 군림하게 되었을까.

『초기 인간 Early Man』 F. Clark Howell 지음. 다음 책에 밀려남.

『최초의 인간 The First Men』 White Brown과 「타임라이프」 편집부 지음. 좋은 책. 하지만 꼭 '인간'뿐이었을까?

『징그러운 설인 Abominable Snowmen』 Ivan Sanderson 지음. 증거라곤 눈곱만큼도 없고. 징그럽다.

『선사 세계 World Prehistory』 Grahame Clark 지음. 전체를 조망하려면 필수.

『선사 시대의 아프리카 The Prehistory of Africa』 J. D. Clark 지음. 돌.

『영장류의 역사 History of the Primates』 Legros Clark 지음. 뼈.

『만들어지는 사람 Mankind in the Making』 W.W. Howells 지음. 늘어지고 고리타분하지만 필트다운 사기극을 다룬 곳은 재미있다.

『포유류의 시대 The Age of Mammals』 Björn Kurtén 지음.

『고대의 발명가와 발명 Inventors and Inventions of the Ancient World』 G. C. Baldwin 지음. 사실은 길고 생각은 짧고.

『도시 생활로 가는 길 Courses toward Urban Life』 Braidwood와 Willey 엮음.

『첫 도시 The First Cities』 Dora Jane Hamblin과 「타임라이프」 사람들 지음.

『석기 시대 경제학 Stone Age Economics』 Marshall Sahlins 지음. 굉장한 책. 술술 읽기에는 너무 주옥같음.

『글쓰기의 선구자 The Earliest Precursor of Writing』 Denise Schmandt-Besserat 지음. 「사이언티픽 아메리칸」 1978년 6월호에 실린 글. (만만히 보았다간 큰코다침!)

『가장 오랜 동방을 비추는 새로운 불빛 New Light on the Most Ancient East』 V. Gordon Childe 지음.

『쌍둥이 강 Twin Rivers』 Seton Lloyd 지음. 속도감 있고 생동감 있고 정확한 서술.

『고대 이라크 Ancient Iraq』 Georges Roux 지음. 좀 길지만 생동감이 넘친다.

『칼데아의 우르 Ur of the Chaldees』 L. Wooley 지음. '죽음의 구덩이'의 발굴자.

『문명과 성 Sex in Civilization』 Calverton과 Schmalhausen 엮음. 신전에서 매춘이 어떻게 이루어졌는지를 이해하려는 첫 시도.

『고대 동방 세계의 여성 Women in the Ancient East』 Ilse Seibert 지음. 글과 그림이 보기 드물게 조화된 수작.

『바빌로니아 창세기 Babylonian Genesis』 A. Heider 지음. 바빌로니아의 신화 세계.

『바빌로니아와 아시리아의 일상생활 Everyday life in Babylon and Assyria』 G. Contenau 지음.

『수메르인 The Sumerians』 S. N. Kramer 지음. 무난함.

『수메르의 점토판 해독 From the Tablets of Sumer』 S. N. Kramer 지음. 수메르인의 입을 통해 듣는 전쟁, 법률, 정치, 학교, 길가메시 이야기, 세금 등등.

『문명의 요람 The Cradle of Civilization』 Kramer와 「타임라이프」 편집부 지음.

『바빌론의 위대함 The Greatness That Was Babylon』 H. W. F. Saggs 지음. 방대하지만 아주 잘 쓴 책. 개인적으로 아끼는 책.

『히브리 민족의 역사 A History of the Hebrew People』 C. A. Barton 지음.

『이스라엘인 The Israelites』 「타임라이프」 편집부 지음. 역시 그림이 좋음.

『성서 The Bible』 지은이? 짜임새는 기대하지 말 것.

『해상 무역 The Sea Traders』 M. Edey와 「타임라이프」 지음. 그림 좋고 정보도 풍부.

『배의 고고학 The Archaeology of Ships』 Paul Johnstone 지음. 쿠푸의 장례선까지 거슬러 올라간다.

『이집트사 A History of Egypt』 James Breasted 지음. 무난한 책.

『문명의 아프리카 기원 The African Origin of Civilization』 C. A. Diop 지음. 아프리카에 미친 이집트의 영향을 추적하고 백인 우월주의를 논파한다.

『고대 이집트의 생활 Life in Ancient Egypt』 Adolph Erman 지음. 역시 무난한 책.

『이집트의 피라미드 The Pyramids of Egypt』 I. E. S. Edwards 지음.

『고대 이집트 Ancient Egypt』 Casson과 「타임라이프」 지음.

『히브리 민족 이전의 팔레스타인 Palestine Before the Hebrews』 E. Anati 지음. 힉소스에 관한 내용이 훌륭함.

『펠리컨 그리스사 The Pelican History of Greece』 A. R. Burn 지음. 생생한 개관.

『히타이트인 The Hittites』 O. R. Gurney 지음. 펠리컨이 낸 또 하나의 역작.

『케임브리지 고대사 The Cambridge Ancient History』 Edwards 외 엮음. 2권 2부만 두께가 10센티미터 정도.

『역사 The Histories』 Herodotus 지음. 이 책은 이집트인이 생생한 모습으로 나오는 유일한 책이다. 헤로도토스가 이집트에서 살면서 보았으니까 당연.

『신전, 무덤, 성각문자 Temples, Tombs, and Hieroglyphs』 Barbara Mertz 지음. 람세스와 하트셉수트에 관한 내용이 알차다.

『고대 이집트 문학 The Literature of Ancient Egypt』 W. K. Simpson 엮음.

『도끼로 싸우는 사람들 The Battle-Ax People』 O. Vlahos 지음. 인도유럽인에 대한 통설을 소개.

『성서 The Bible』 신화, 역사, 신학, 시, 법, 철학, 예언, 입방아를 특이하게 모아놓은 책.

『히브리 민족사 History of the Hebrew People』 C. A. Barton 지음. 성서에 나오는 역사 관련 내용을 일목요연하게 정리. 아주 요긴함.

『성서 길잡이 The Bible Companion』 William Neil 엮음. 구약에 나오는 '아가(雅歌)'는 술집에서 부르던 노래였다고.

『심판자들의 세계 The World of Judges』 J. J. McKenzie 지음. 내용은 괜찮지만 자신감이 조금 지나침.

『레위기 Leviticus』 M. Noth 지음. 저명한 학자의 사제법 해부. 휴!

『이스라엘인 The Israelites』 「타임라이프」 지음. 훌륭한 사진.

『성서시대의 일상생활 Everyday Life in Bible Times』 국립지리학협회 간행 복사물.

『이집트사 A History of Egypt』 James Breasted 지음.

『이집트의 유산 The Legacy of Egypt』 지은이 ?????? 이집트가 성서와 여러 분야에 미친 그동안 몰랐던 영향을 추적한다.

『고대 이집트 문학 The Literature of Ancient Egypt』 W. K. Simpson 엮음.

『모세 Moses』 Martin Buber 지음. 이해하면 재미있음.

『모세와 일신교 Moses and Monotheism』 S. Freud 지음. 특유의 대담한 주장.

『십계 The Ten Commandments』 S. Goldman 지음.

『히브리 민족 이전의 팔레스타인 Palestine Before the Hebrews』 E. Anati 지음.

『성서 지리학 The Geography of the Bible』 D. Baly 지음. 흥미로운 지리서.

『케임브리지 고대사 2권 2부 The Cambridge Ancient History, Vol II, Part 2』 I. E. S. Edwards 엮음. 꼭 성서라는 주제에 얽매이지는 않음.

『고고학과 구약 세계 Archaeology and the Old Testament World』 J. Gray 지음. 깔끔한 정리.

『구약의 왕도 Royal Cities of the Old Testament』 K. Kenyon 지음.

『성서와 고대 근동 지방 The Bible and the Ancient Near East』 G. E. Wright 지음. 굉장히 전문적으로 들어감.

『쌍둥이 강 Twin Rivers』 Seton Lloyd 지음.

『고대 근동 지방 2권 The Ancient Near East, Vol II』 J. B. Pritchard 엮음. 원문은 번역.

『바빌론의 위대함 The Greatness That Was Babylon』 H. W. F. Saggs 지음. 훌륭한 개관.

『고대 근동 지방의 여성 Women in the Ancient Near East』 I. Seibert 지음.

『아수르바니팔의 역사 History of Assurbanipal』 G. Smith 옮김. 아시리아인의 기록. 읽으면 훌쩍거린다.

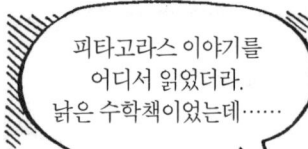

『크레타와 미케네 Crete and Mycenae』
S. Marinatos 지음. 크레타 예술을 담은 예쁜 사진.

『고대사의 문제 1권 Problems in Ancient History Vol. 1』 D. Kagan 엮음. 역사의 문제는 하나부터 열까지 전문가들의 의견이 제각각이라는 데서 생긴다.

『도끼로 싸우는 사람들 The Battle-Ax People』
O. Vlahos 지음.

『그리스 7대 희곡 Seven Famous Greek Plays』
Oates와 O'neill 엮음. 아가멤논, 오이디푸스 등등.

『아르고 호의 항해 Voyage of the Argo』
Apollonius of Rhodes 엮음. 경이로운 이야기.

『일리아스 Iliad』 Homer 지음. 최초의 대하소설.

『오디세이아 Odyssey』 Homer 지음.
최초의 대하 '서부' 소설.

『옥스퍼드 고전 문학 길잡이 Oxford Companion to Classical Literature』 P. Harvey 엮음. 몽땅!
추가: 에우리피데스의 원작을 바탕으로
M. Cacoyannis가 감독한 영화
〈이피게니아 Iphigenia〉.

『고대 그리스의 노동 Ancient Greece at Work』
G. Glotz 지음. 대작이지만 그림이 적다.

『고대 경제 The Ancient Economy』 M. Finley 지음. 몰랐던 것을 가르쳐주는 읽을 만한 책.

『고대 그리스의 일상생활 Daily Life in Ancient Greece』 R. Flaciere 지음. 대부분은 아테네 이야기.

『고대 그리스의 가옥 Ancient Greek Houses』
B. C. Rider 지음. 평면도밖에 없음!

『남근: 상징과 역사 Phallos: A Symbol and its History in the Male World』 Thorkil Vanguard 지음. 머스마에 대한 훌륭한 통찰.

『오르페우스와 그리스 종교 Orpheus and Greek Religion』 W. K. C. Guthrie 지음.
군데군데 어렵기도 하지만 훌륭한 책.

『황금가지 The Golden Bough』
J. Frazer 지음. 신화와 종교에 대한 엄청나게 방대한 작품을 한 권으로 간추린 축약본.

『그리스 비극의 기원과 초기 형식
The Origin and Early Form of Greek Tragedy』
G. Else 지음. '영웅' 이론.

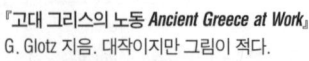

『초기 스파르타 Early Sparta』 G. L. Huxley 지음.

『위대한 그리스인과 로마인의 생애 Lives of the Noble Greeks and Romans』 Plutarch 지음. 리쿠르고스의 일대기에는 스파르타 사회를 엿볼 수 있는 좋은 이야기들이 많다.

『올림피아 Olympia』 L. Drees 지음. 올림픽 경기를 삽화까지 넣어가면서 자세히 설명했지만 좀 장황하다.

『무기 Weapons』 E. Tunis 지음. 멋진 그림.

『펠리컨 그리스사 The Pelican History of Greece』
A. R. Burn 지음. 생생하고 간결하면서도 자세하다.

『역사 The Histories』 Herodotus 지음. 끝내주는 책!
6부는 여기서 몽땅 베꼈다고 해도 과언이 아님!

『케임브리지 고대사 3권 The Cambridge Ancient History, Vol III』 Bury, Cook, Adcock 엮음.
삶은 콩을 채워 넣은 샌드위치처럼 두껍고 맛이 없음.

『옛날에 이런 일이 있었다 What Happened in History』
V. G. Childe 지음. 금속, 무역, 사회생활.

『초기 이오니아인 Early Ionians』 G. L. Huxley 지음.

6부는 헤로도토스에서 다 베꼈다고 했지만 솔직히 그건 좀 뻥이었지요.

『역사(또는 역사들) The History (or Histories)』 Herodotos 지음. 필설로는 형언할 수가 없는 책! (요즘 역사가들한테 얻어터지려나?) 만화로 다 그려내지 못한 게 원통함. 꼭 읽어보시길! 캄비세스의 광기, 다리우스의 주홍 망토, 놀라운 스키타이인, 이집트와 바빌론의 풍물 등.

『이란 Iran』 R. Girschman 지음. 잘 정리했지만 재미는 별로.

『페르시아 I Persia I』 J. L. Huot 지음. 골동품 그림.

『페르시아 Persia』 A. Costa 지음. 멋진 풍경 사진. 페르세폴리스와 키루스의 무덤도 있다.

『페르시아 미술사 History of Art in Persia』 G. Perrot 지음. 개축한 다리우스의 궁전.

『델피 Delphi』 F. Poulsen 지음. 여제관 피티아의 이야기가 나온다.

『그리스 예술의 명작 Greek Masterworks of Art』 M. Wegner 지음. 이 책도 명작.

『태고 시대의 그리스 도예 장식 Greek Fictile Revetments in the Archaic Period』 E. D. van Buren 지음. 제목이 가리키는 것은 신전 정면부의 채색 장식물. 이 책이 아니었으면 까맣게 몰랐을 내용.

『다색 채색 Polychromy』 L. Solon 지음. 역시 신전 채색 기법.

『그리스의 작은 테라코타 상 Greek Terracotta Statuettes』 C. A. Hutton 지음. 옷을 그릴 때 많이 참고했음.

『고대 그리스의 노동 Ancient Greece at Work』 G. Glotz 지음.

『고대 그리스의 일상생활 Daily Life in Ancient Greece』 R. Flaciere 지음. 프랑스 역사가들은 일상생활에 관심이 많았음.

『성서 The Bible』 이 책을 빼놓고는 이야기가 안 됨. 그런데「다니엘서」는 사건이 일어나고 한참 뒤에 쓰인 소설이라고 보는 사람이 많다.

『위대한 그리스인과 로마인의 생애 Lives of the Noble Greeks and Romans』 Plutarch 지음. 테미스토클레스 이야기도 나온다.

『페르시아인 The Persians』 Aeschylus 지음. 살라미스 전투를 직접 본 사람의 드라마처럼 생생한 목격담.

『펠리컨 그리스사 The Pelican History of Greece』 A. R. Burn 지음.

『케임브리지 고대사 3권, 4권 The Cambridge Ancient History, Vol III+IV』 Bury 외 엮음. 1200쪽. 장난 아님.

『그림을 곁들인 고대 그리스사 Ancient Greece, An Illustrated History』 P. Green 지음. 좋은 그림이 한가득.

7부에서 모두 발가벗깁니다. 이 아저씨 하반신도.

그런데 그리스 옷은 어떻게 벗어?

『케임브리지 고대사 5권, 6권 The Cambridge Ancient History, Vol V+VI』 Bury 외 엮음. 졸음은 와도 얻는 게 많음.

『펠리컨 그리스사 The Pelican History of Greece』 A. R. Burn 지음. 재미있음.

『브리태니커 백과사전 The Encyclopaedia Britannica』 배를 꽉 채우고도 남을 수많은 논문.(페리클레스 머리 이야기도 나옴.)

『대화 The Dialogs』 Plato 지음. 인상 깊은 장면, 뛰어난 글솜씨, 꼬이고 꼬인 논리. 필독서.

『희극 The Comedies』 Aristophanes 지음. 고대 아테네의 참모습을 알려주는 책. 엄청 재미있음!

『수사학 Phetoric』 Aristotle 지음. 재미는 덜 하지만 이 위대한 철학자를 이해하는 좋은 출발점이 될 수 있다.

『고대 그리스의 노동 Ancient Greece at Work』 G. Glotz 지음. 신분 체제도 설명.

『고대 그리스의 일상생활 Daily Life in Ancient Greece』 R. Flaciere 지음. 두어 가지 날카로운 대목이 있음.

『고대 그리스인의 예술 Arts of the Ancient Greeks』 R. Brilliant 지음. 이루 헤아릴 수 없이 많은 그리스 예술 화보집의 하나.

『회상 Memorabilia』 Xenophon 지음. 똑같이 소크라테스를 회상하는 책이지만 여기 나오는 소크라테스는 플라톤 책의 소크라테스보다 덜 거들먹거림.

『아나바시스 Anabasis』 Xenophon 지음. 1만 명의 원정기. 개인적으로 1부가 가장 마음에 둠.

『고대 그리스의 가옥 Ancient Greek Houses』 B. C. Rider 지음. 베스트셀러는 아니지만 나한테는 도움.

『아테네의 아고라 The Athenian Agora』 아테네에 있는 the American School of Classical Studies에서 펴낸 아고라 장터 안내서.

『아고라의 소크라테스 Socrates in the Agora』 위와 같은 곳에서 만든 책.

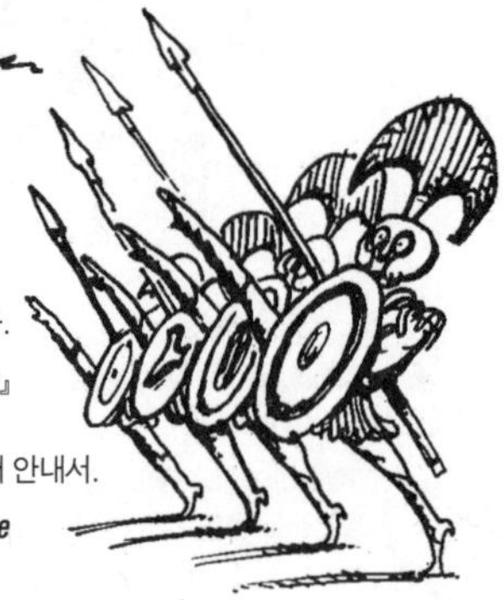

『펠로폰네소스 전쟁 The Peloponnesian War』 Thucydides 지음. 현대사의 모범을 처음으로 보여준 책. 엄정한 묘사.

『펠로폰네소스 전쟁의 기원 The Origin of the Peloponnesian War』 Geoffrey de Ste. Croix 지음. 분량은 투키디데스 책의 갑절이지만 덧붙인 내용은 별로 없음.

『치유의 손: 고대 사회의 인간과 상처 The Healing Hand: Man and Wound in Ancient Society』 G. Maino 지음. 의사가 들려주는 고대 의학 이야기. 특히 수술. 제목도 좋고 내용도 좋고!

『알렉산드로스 대왕 Alexander The Great』 W. W. Tarn 지음.

『위대한 그리스인과 로마인의 생애 Lives of the Noble Greeks and Romans』 Plutarch 지음. 주인공들이 죽고 나서 몇 세기 뒤에 쓴 책이라 얼마나 사실에 부합하는지 모르지만 키몬, 페리클레스, 알키비아데스 일대기에는 일급 구설수가 담겨 있다.

옮긴이의 말

작가 래리 고닉은 아주 야심만만한 사람 같다. 인류만의 역사도 아니고 자연만의 역사도 아니고 그 모두를 포괄하는 '우주의 역사'를 만화로 그렸기 때문이다. 이 책을 읽으면서 우리는 그가 얼마나 많은 책을 섭렵했고 또 얼마나 뛰어난 유머 감각을 가졌는지를 깨닫는다. 그리고 만화에 온 우주의 역사를 담으려는 그의 시도가 성공하리라는 예감에 젖는다.

래리 고닉은 미국 하버드대학교에서 수학을 공부한 엘리트 만화가다. 일찍부터 역사와 자연과학처럼 딱딱한 분야를 만화로 재미있고 쉽게 소개하는 데 관심을 가졌고 재능을 발휘하였다. 그의 만화는 예일대학교를 비롯한 여러 대학에서 부교재로 쓰일 만큼 지적 수준과 완성도가 높다. 책 말미의 참고문헌을 보면 그가 얼마나 방대한 자료를 치밀하게 연구했는지를 짐작할 수 있다.

래리 고닉은 만화야말로 밀물처럼 쏟아지는 정보의 홍수 속에서 대중이 접근하기 어려운 주제를 가장 구체적이면서도 생생하게 전달할 수 있다는 확신을 갖고 있다. 사람들은 글보다는 그림에 더 즉각적으로 반응하기 때문이다.

이 책을 옮기면서 인도와 중국, 페르시아와 로마를 넘나드는 래리 고닉의 방대한 지식과 기상천외한 상상력을 따라가느라 적잖이 고생했다. 하지만 그 못지않게 재미와 보람도 컸고 부러움도 느꼈다. 이 좋은 책을 학생들을 비롯해서 많은 사람들에게 소개할 수 있다는 자부심을 가지게 되었다. 세부적인 정확성을 유지하면서도 사실적인 내용을 톡톡 튀는 줄거리와 발랄한 대사로 엮어가는 래리 고닉의 지성과 감성에 찬탄을 금할 수가 없다. 이 책을 몇 쪽만 읽은 사람도 누구나 그의 작품 세계에 수긍할 것이다.

이 책은 자연과 사회를 비롯한 우주의 역사를 담았지만 핵심은 인간의 역사, 즉 세계사다. 지금까지 우리가 읽은 세계사는 주로 서양인에 의해 쓰였다. 그래서 저자가 아무리 안 그러려고 노력해도 서양 중심적으로 흐르는 경우가 많았다. 그러나 이 래리 고닉의 『세상에서 가장 재미있는 세계사』는 아시아와 아프리카, 이슬람 문화도 굉장히 깊고 자세하

게 들려준다. 절대로 치우치지 않은 공정한 시각에서. 만화이긴 하지만 그 어떤 세계사 책보다도 냉정하면서도 따뜻하다.

만화를 번역하는 일은 얼핏 쉬워 보이지만 그렇지가 않다. 소설책이나 역사책 같은 글 위주의 작품은 풍부한 맥락이 주어지는 반면, 만화는 그렇지 않기 때문이다. 짤막한 지문과 대사만 달랑 놓여 있을 때는 그게 어떤 맥락인지 파악하기 힘들 때도 적지 않다. 시만큼이나 옮기기 어려울 때도 있다. 더구나 래리 고닉처럼 함축적이면서도 고급스러운 유머를 구사하는 작가임에랴.

그래도 처음부터 끝까지 즐거운 마음으로 번역을 했다. 때로는 과감한 의역을 통해 번역과 번안의 경계선을 넘나들기도 했지만, 그것은 저자의 포복절도할 익살을 어떻게 해서든 살려보려는 고육지책이었음을 이해해주셨으면 좋겠다.

만화가 되었든 글이 되었든 딱딱한 내용을 몇 권 혹은 한 권으로 간추렸다고 호언장담하는 책이 많지만, 내용을 보면 지루하고 장황하고 영양가도 별로 없을 때가 많다. 그러나 래리 고닉의 책은 그렇지 않다고 자신 있게 밝히는 바다. 번역을 마치니 아쉽기만 하다. 이 시리즈를 통해 그의 빛나는 지성과 감성과 익살의 삼중주를 즐겁게 맛보길 바란다.

2006년 5월
이희재

세상에서 가장 재미있는 세계사 1

1판 1쇄 펴냄 2006년 5월 20일
2판 1쇄 찍음 2022년 11월 10일
2판 1쇄 펴냄 2022년 12월 1일

글·그림 래리 고닉
옮긴이 이희재

주간 김현숙 | **편집** 김주희, 이나연
디자인 이현정, 전미혜
영업·제작 백국현 | **관리** 오유나

펴낸곳 궁리출판 | **펴낸이** 이갑수

등록 1999년 3월 29일 제300-2004-162호
주소 10881 경기도 파주시 회동길 325-12
전화 031-955-9818 | **팩스** 031-955-9848
홈페이지 www.kungree.com
전자우편 kungree@kungree.com
페이스북 /kungreepress | **트위터** @kungreepress
인스타그램 /kungree_press

한국어판 ⓒ 궁리출판, 2006.

ISBN 978-89-5820-799-3   07900
ISBN 978-89-5820-804-4   (세트)

책값은 뒤표지에 있습니다.
파본은 구입하신 서점에서 바꾸어 드립니다.